中公文庫

日本語びいき

清水由美 文
ヨシタケシンスケ 絵

中央公論新社

まえがき

私は日本語教師です。この職業も以前にくらべればだいぶ認知度が上がってきたようですが、念のために申しますと、外国人に日本語を教えるのが仕事です。国語教師との違いは、相手が日本語を母語としない人たちであるという一点です。

教えるのは日本語ですから、とりあえず日本語がしゃべれれば務まりそうなものですけれども、学習者から見れば日本語は外国語。教師の側にも日本語を外国語として見る目が求められます。そしてこの、「母語を外から見る目」を持つということは、日本語ネイティブのみなさんがなんとなく想像していらっしゃるより、おそらくかなり、難しい。私は日本語教師になりたいという日本人を教える、つまり日本語教師養成講座の講師もしているのですが、その受講生の方々を見ていて、そう思います。

みなさん、日本語を「知らない」。日本語の素顔を、ご存じない。

日本語教師は、必ずしも難しい漢字などは書けなくてもいいし、耳慣れない四字熟語や格言を得々と解説してみせる必要もありません。けれどもたとえば、次のような質問には、間髪をいれず答えることができなければなりません。

「食べる→食べたい」だから、「飲む→飲んだい」でいいんでしょう？

「やらさせていただきます」と言ったら叱られました。じゃあ「やめさせて」もだめ？

「先生」の読み方はセンセイですか、センセーですか？

先生もこのお菓子ほしいですか？　あれ、私、なにか失礼なことを言いました？

いかがでしょうか。むむ、と思われたなら、どうかこのままページを繰って答えをさがしにいらしてください。日本語ってやっぱり難しいのかな、でも思いのほかに論理的だ、そしてけっこうおもしろいぞ、と思っていただけるものと存じます。

日本語教育と国語教育では文法用語などに少し違いがあります。とまどう点もあるかもしれませんが、そのあたりはあまりお気になさらず、ぐいぐいとお進みください。日々自在に操っていらっしゃる母語、日本語に、新鮮な驚きを感じていただければ幸いです。

目次

日本語びいき

1　日本語は難しい、か？
――ひらがなさえ読めれば、ぜんぶ読めちゃうのに？

ちょっと道を聞いただけなのに、「日本語お上手ですねえ」と言われました。日本語を勉強している留学生が、心外だという顔で訴えます。「あ、この外人さん、日本語しゃべってる！」と思うのかどうか、道を教えてくれるより先にこんなふうにホメてくれる日本人が多いのだという。ほめられてうれしくないわけではないけれど、自分の日本語が「お上手」というレベルでないことは自分がいちばんよく知っている。それをほめられるのはどうにも落ち着かない、ということらしい。

流暢な日本語を操る外国人が各方面で活躍している今、ちょっと日本語ができるぐらいはさほど珍しくないと思うのですが、やっぱり目の前に「日本語の話せる異人さん」が現れると、軽い衝撃を受ける日本人は多いのでしょう。おお、ガイジンなのに日本語しゃべってる。ほー、外国人なのに敬語が完璧だ。へえ、漢字も読めちゃうんだ……。

同じようによく言われるのが、「箸の使い方お上手ですね」、「すごーい、納豆好きなの？」といったコメントだそうで、これもたび重なると、かすかな苛立ちを呼ぶようです。まあ日本語にしても納豆にしても、ほめられる分にはまだしもほんのりうれしいけれど、答えに窮するのが、これだとか。

「日本語は難しいでしょう？」

「微妙なことばだからねえ」

「ニュアンスとかわかんないっしょ」

いいえ簡単です！と言いたいところだけどさすがにそれは言えない。現にいま四苦八苦して勉強してるところですから。だけど難しいといえばたいがいの外国語はそれなりに難しいんだし、どんな言語にもそれぞれの微妙な言い回しや陰影に富んだ表現はあるんだし、日本語だけが特別難しいわけじゃないと思う。——と、言えるだけの日本語力がないのが口惜しい！となるわけです。不本意ながら「ええ、まあ」とあいまいにうなずくしかない彼らの心中、どうぞお察しくださいませ。

どうもこういうコメントをしてしまう日本人の心の奥には、日本語はトクベツ、日本語はユニーク、というような心情が透けて見えるように思います。

でもどう考えても、ある外国語が難しいかどうかは、その人の母語が何であるかによるものでしょう。漢字圏の人にとっては、漢字で書いてあればとりあえず意味は透明だし、文法構造の似ているトルコ語や韓国語を母語に持つ人にとって、日本語のテニヲハは楽勝です。

さらに、日本語は意味を区別するために使う音（＝音素）の数が、世界の言語の中でも少ないほうです。日本人が英語の発音習得に苦しむのも、日本語にはない音が英語にはたくさんあるからです。日本人の耳には同じにしか聞こえないアレやコレやの音を、かの国の人々はアレとコレとは違う！と言い張るからなのです。ですからつまり、日本語より音素の多い言語を母語とする人から見れば、日本語は音の習得に関してはこれまた楽勝ものとなるはずです。

もちろん話はそんなに単純ではないので、それなりの努力は要るし、また逆に、音の種類が少ないということは、必然的に同音異義語が多いという結果をもたらすので、語彙習得の上では障害になるかもしれません。でもとにかくある言語が格別ほかの言語より難しいとか、ましてや神秘的だとかいうことはありません。

でもさ、ほら、漢字はやっぱり大変なんじゃない？

ですね。たしかにひらがな、カタカナ、漢字と三種の文字を使い分ける日本語（の表記）は、習得に時間がかかるでしょう。中でも漢字は、形も複雑だし読みもひと通りではない。学習者の負担は大きい。日本の子どもたちも苦労しています。漢字制限を訴える人々の主張もわからなくはありません。でもだからといって、漢字（だけ）のせいで日本語がグローバル言語になれないということはないように思います。

なぜって、漢字大好きな日本語学習者、多いんです。ことに非漢字圏の人ほど、「意味を持つ文字」の不思議さ、おもしろさにいったん目覚めたあとは、「音に出せなくてもとりあえず意味が推測できる」という楽しさにハマる人が少なくない。文字の習得が語彙力の増強にストレートにつながる醍醐味もあるからでしょう。

中には漢字フリークみたいな人もいて、「薔薇」や「憂鬱」ぐらいお茶の子で書いちゃうし、試験の答案に「舞毛留」とか「勝手理井菜」なんて署名したがるマイケルくんやカテリーナさんは少なくありません。「私は日本語を勉強して居ますが、未だ未だ努力して行か無ければ行け無いと思います」のように、書ける漢字はぜんぶ漢字で書くんだもんネと決意を固めているらしい学生もいます。

そしてそんな彼らには強い味方がある。ふりがなです。漢字の横っちょに添えられた小さなひらがな。読む人が読めないかもしれないことを書き手がおもんぱかって添える、やさしい心づかい。これさえあれば、発音できる。声に出せる。声にさえ出せれば、意味は人に聞けばよい。辞書を引けばよい。すばらしい発明です。

よく表意文字の代表は漢字、表音文字の代表はアルファベットなんて言いますが、なんの、ひらがな、カタカナこそ、正真正銘の表音文字です。英語に使われているアルファベットなんて、あれを表音文字と言っていいのかしらん、とはなはだ疑問です。だって、最初のａ一つとっても、cat, cake, all, eat, ……ぜーんぶ読み方が違う。対して日本語の「あ」はいつでもどこでも「ア」です。エァだのエイだのオーだのイーだのと、コロコロ変わったり、しない。終始一貫「ア」、徹頭徹尾「ア」。エライなあ、りっぱだなあ。

地名人名などの固有名詞に珍奇なつづり（＝表記）があるのはどの言語にもありがちのことですが、これだって、日本語の場合はふりがなというものがある。どんな珍名さんの名刺を差し出されても、ふりがなが振ってあれば、こわくない。緑夢《ぐりむ》さんや五百旗頭《いおきべ》さんのお名刺には、きっとふりがなが振ってあるんじゃないかと想像します。日本一周ローカル線の旅をしている遠つ国の旅人一人。心ぼそげにガイドブックをのぞく背中に風が吹く。

けれど日本全国津々浦々、いかなる山間の小駅にも、白いボードに黒々と駅名が書いてある。読み仮名が書いてある。この旅人もひらがなさえマスターしていれば、たとえそれが難読駅名のオンパレードみたいな路線であったとしても、私たちがロンドンの地下鉄に乗っていて、駅名のつづりと車掌のアナウンスがあんまり違うから降りそびれた、なんていう目には遭わずにすむのです。うらやましいことであります。

マイネーム!
弱損
あの.
ジャクソンさん.
…いいのかな…

◎コラム　「でぃすれくしあです」

もう十年ほども前になりますが、ある日授業が終わった後、一人の留学生から、「ぼくはでぃすれくしあです」と打ち明けられました。とっさに何のことかわからなかったのですが、「でぃす」は病名などについていることが多いから、何かの障害だろう、このタイミングで言ってくるということは、語学学習についての何かしらの障害かな、と判断しました。

というのも、直前の授業で、彼にテキストの一部を音読してもらったとき、そのあまりの「読めなさ」に驚いたのです。とくに、漢字が読めない。初出の漢字語彙にはルビが振ってあって、そこはどうにか読めても、すぐ後に同じ語が今度はルビなしで出てくると、もう読めない。前の行にちょっと戻ってルビを読めばいいでしょ、と思うのに、それができない。学期が始まってまだ日の浅いころだったと記憶しますが、それまでの彼は、発音も驚くほどきれいで、文法ミスも極めて少なく、何よりとてもセンスのいい発言をする、優秀すぎるほどの学生でしたから、そのときの私の顔には「なぜ？」という色が浮かんでいたと思います。

そのすぐ後のことでしたし、彼の少し苦しそうな表情からも、「でぃすれくしあ」が、「読めない」ということについての何かなのであろう、とは、わりとすぐに推測できました。けれど、「文字が読めない障害」などというものがあろうとは、恥ずかしながらそれまで考えたこともありませんでした。

でぃすれくしあ、dyslexia は、難読症、識字障害などと訳されています。「症状」の現れ方にはいろいろあるようですが、その学生の場合は、文字と音の結びつきに苦労しているとのことでした。だから音読はとてもたいへんな作業なのだと。それまでの人生にどんな困難があったことかと想像すると胸が詰まる思いでしたが、彼は明るい声で「でも、ひらがなは、楽です」と言いました。英語圏の学生だったのですが、「英語を読むよりはずっとずっと楽です」と言いました。

ああ、そうであろうな、と思いました。英語におけるアルファベットと発音の対応の無軌道ぶりにくらべたら、日本語のこの仮名文字の規則性は救いだろうな、と。

彼の了解を得たうえで、その後は教員間でこのことを共有し、テキストの予習にはチューターを頼むこと、そして、彼に渡す文字教材にはルビを振るようにしました。今だったら、読み上げソフトのいいものもたくさん出ていますから、彼のような人にとっての学習環境は、かなり改善されているでしょう。

その日、彼は言いました。「声に出して読むのは苦手ですが、ぼくをバカだと思わないでください」。

以来、「なぜそんなに読めないのだ?」と思う学生に出会ったときは、でぃすれくしあを一度は疑ってみることにしています。ま、単なる予習不足であることがほとんどですが、少しの手間でよけいな「障害」を取り除くことができて、たがいにハッピーになれるのなら、ふりがなぐらい、いくらでも振りますとも。

2　ところでひらがな、ぜんぶ読めてます？　ほんとに？
――「う」と書いて「お」と読めとはこれいかに。

ひらがなさえ読めればとりあえずすべての日本語が読める。ふりがなさえあれば、どんなにこむつかしい漢字が使われていても大丈夫。一文字＝一音、日本語はなんてすなおな、なんて好もしい言語なのであろうか。

と、うたいあげた舌の根も乾かぬうちにナンですが、じつを申しますと、ひらがなの読み方、つまり発音にも、ごくわずかながら例外があるのでした。

あいや、英語などのつづりと発音の複雑怪奇なひねくれ加減にくらべれば、例外と申しましてもそれはもうかわいいもんです。ではありますが、やはり正直に申告はしておくべきかと存じまして。

たとえばです。日本の空の玄関口、成田空港。ひらがなに開けば「なりたくうこう」。この中に「う」が二つ使われております。いかがでしょう、この二つの「う」。どんな音でしょうか。

そりゃあんた、「う」はウでしょうよ。この、「く」をくーっと伸ばして、「こ」をこーっと伸ばしゃいいんじゃないの。クーコーって、ね。

ね？

……あれ？

はい、そうなんです。「く」のあとの「う」と、「こ」のあとの「う」は違う音になっております。

どちらの「う」も伸ばす音（＝長音）で、カタカナで書けばクーコーと、音引き記号の「ー」になります。でもその二つは同じ音ではない。一つめはたしかにウの音ですけれども、二つめは、そう、オの音。もし音の通りに忠実に書くとすれば、「クウコオ」と発音されているのでした。（ちょっとややこしいですが、ここでは、ひらがなの「う」はつづりを、カタカナの「ウ／オ」は発音を表す、という約束にしますね。）

もちろんつづりの通り、ク・ウ・コ・ウと発音しても理解はしてもらえるでしょうが、妙に律儀で、妙に棒読みな感じ、まるでひと昔前のロボットがしゃべっているような感じになってしまいます。

つまり、「う」という文字には、ウのほかにオという発音もある、ということです。あら、一文字＝二音です。一文字＝一音の原則が崩れてしまいました。

でもこれをもって日本語の表記（＝つづり）と発音の関係もけっこういい加減！などと非難するのは早計です。

いい加減なんてことはありません。「く」はカ行のウ段の音ですから、そのまま「クー（クウ）」と伸ばす。「こ」はオ段の音ですから、そのまま「コー（コオ）」と伸ばすという、たいへんシンプルな規則がちゃんとあるのです。

ひらがなで書くと同じ「う」だけれども、その前の音がウ段だったらウの、オ段だったらオの、そのときの口の形のままで読めばいい、という規則です。

「ぶうぶう」はブウブウ、「もうもう」はモオモオ。

「ゆうじ（有事）」はユウジ、「ようじ（用事）」はヨオジ。

「いちりゅう（一流）」はイチリュウ、「いちろう（一浪）」はイチロオ。

これが、前の音を伸ばす、長音の「う」の読み方のルールです。もちろんそれ以外の場所に現れる「う」は、すべて文字の通り、安心してウと発音してよろしい。だから「そうです」はソオデスだけど、「うそです」はウソデスです。

非難されるとすれば、それはむしろ「お」という文字のほうかもしれません。こちらは発音はつねにオでいいのですが、見てきたように、「う」という文字もオ段の長音ではオと読まれるものですから、そこらあたりの関係がちょっと面倒なのです。

つまりは正書法、スペリングの問題です。オという音を「お」とつづるのか「う」とつづるのか、という問題。日本人も、けっこう「スペリング・ミス」をしています。オ段の長音は、右のごとく「う」を使って書くのが原則です。ところが、「お」と書かなければならないものが少しだけ、ある。オ段長音の発音は当然オなのですから、むしろ文字と発音が一致していていいようなものですが、数からいうと「お」を使うつづりのほうが例外になります。

たとえば、「そのとうりです」なんて書かれた例をたまに見かけますが、これは「とおり」と書かなければなりません。発音は「ありがとう」のトーと同じですから、間違えるのも無理はありません。「(お菓子を)ほうばる」もだめで、「ほおばる」が正しい。ほかにオ段長音の表記に「お」を使わなければならないのは、「こおり（氷）」、「とおか（十日）」、「おおきい（大きい）」、「おおい（多い）」などで、数こそ少ないけれど、よく使う単語が多い。

これは、旧仮名遣いで「とほり」、「とをか」、「ほほ（ばる）」のように、もともと「ほ」や「を」が使われていたもので、これらに限っては「お」を使えというルールが、「現代仮名遣い（昭和六十一年内閣告示）」というもので定められてしまったからなのです。こういうルールは覚えにくい。日本人でもうっかりすると、間違えます。

ことばは変化するもの。発音も、表記も、変化します。でもどうしたって生身の人間により近い発音のほうが、表記にくらべて変化が速い。だから音と文字がズレてしまうのですね。

もう一つの例外をご紹介します。「い」です。「い」と書いてエと読む。

一瞬、そんなバカな、と思われるかもしれませんが、時計、丁寧、映画、学生、平和、名人、きれい、恵子さん、……みんなそうです。

恵子さんのふりがなは「けいこさん」。ガンガンに緊張してプロポーズでもするときなら、ふりがな通りにケイコサンと発音するかもしれませんが、ふだんはたいてい、ケーコサン、つまりケエコと発音しているはずです。

エ段の長音の場合も、音の通りに「え」という文字で書く語のほうがむしろ少なくて、「おねえさん」、「ええ（そうです）」、「へえ（そうなんだ）」、「ねえ（きみ）」、「ええと」、「（いやあ）ねえ」ぐらいしかありません。

あとは、と、そうですね、助詞の「は」、「へ」、「を」。ワ、エ、オと読むけれど、「わ」、「え」、「お」とは書かない約束です。これはもう文法がらみで覚えてもらいます。たった三つだけですし、あんまり文句を言う学生はいません。

もし学生が次のような文を書いてきたら、日本語教師は悩むでしょうね。まじめな留学生として純真無垢に間違えたのか、それとも「子どもに読ませたくないマンガ」あたりから拾ってきたのか……。

「きれえなおねいさんわ好きですか？」

センセイー。
ハイー。

3　しつこいようですが、ひらがなはエライ！
——五十音表と言いながら、じつは動詞の活用表でもあるのだ。

というわけで、多少の例外はあるものの、日本語の表音文字であるところのひらがな・カタカナは、たいへんに品行方正、まじめであります。そして、そんなまじめな文字たちがきちんと前へならえ、横にならえして整列しているのが、五十音表です。この五十音表というのが、これまた信じられないくらい「使える」。

単なる文字の一覧表ではないのです。動詞の活用表にもなっておるのです。

いえ、単なる文字の一覧として見てもたいへんに整っていて、頭脳明晰、理路整然という風情があります。まずはそこのところを鑑賞いたしましょう。

まずいちばん初めに「あいうえお」の五文字。この五つはすべて母音です。母音がたったの五つというのも非常に潔くてよろしい。そして次の行からは、この五母音の前に子音をつけたものが並びます。母音というのは、声を出すときに空気の流れをさまたげる要素が何もない音。唇や舌や歯茎などで空気の流れをさまたげて出すのが、子音です。

ご自分がお口の中の、どこでどんな子音を作っているのか、どんな器用なことをしているのか、以下、観察してみてください。

ア行の次に来るのはカ行です。カ行に使う子音は、舌の奥のほうを持ち上げて上あごの奥のほうにくっつけて作ります。しかるのちに母音のアを発声すれば、カという音になる。再び舌を持ち上げて上あごにくっつけてからイと言うと、キになる。同様にウエオと続ければ、クケコができる。そうしてできた五つの音がカ行のカキクケコです。

サ行の子音は、舌先を上の歯茎の裏あたりにギリギリまで近づけ、その狭いすきまから空気を押し出して作る。タ行はその舌先をくっつけてしまって作る。そうして共通の子音の作り方（＝空気の流れをじゃまする場所と方法）を横軸に並べ、それぞれに最初の一行目のア行と同じ母音を続けて、サ行、タ行、……と作っていくわけです。

じつにシンプル、じつに規則正しい。

で、これだけでもじゅうぶん賞賛に値すると思うのですけれども、先ほど述べたように、この五十音表は、動詞の活用表としても機能する、と。

どういうことか。

たとえば「飲む」という動詞、これを活用させてみましょう。古文の授業でコ、キ、ク、クル、クレ、コヨなどと暗記させられたことと思います。あれと同じことを、現代語の動詞でもやってみようというわけです。すると、「飲まない―飲みます―飲む―飲めば―飲もう」となります。同じことを「踊る」でもやってみる。並べてみます。

飲まない―飲みます―飲む―飲めば―飲もう

踊らない―踊ります―踊る―踊れば―踊ろう

で、この二つのラインの共通項、「ない」とか「ます」とか「ば」とかを取りのけて、その残りをあらためて並べてみますというと、

飲ま―飲み―飲む―飲め―飲も

踊ら―踊り―踊る―踊れ―踊ろ

となる。その送り仮名のところをじっと見ると、アラ不思議、「まみむめも」、「らりるれろ」になっている！「読む」や「取る」で同じ作業をやってみても同じです。

ア段からオ段までをフル活用しているというので、これらを「五段動詞」と呼んでいます。「飲む」や「読む」のようにマミムメモになる動詞がマ行五段動詞、ラリルレロになる「踊る」や「取る」がラ行五段動詞。文字の一覧であったはずの五十音表が、りっぱに動詞の活用表になっているというわけです。

マ行、ラ行だけではありません。「聞く」、「書く」ならカ行五段、「泳ぐ」、「騒ぐ」はガ行五段、「消す」、「話す」ならサ行、「立つ」、「待つ」はタ行、……「歌う」、「笑う」はワ行という具合に、カ・ガ・サ・タ・ナ・バ・マ・ラ・ワの行にいくつもの動詞が所属して、それぞれに規則正しく五段活用を展開しています。ザ・ダ・ハ・ヤ行にないのがちょっと残念ですが、それくらいは大目に見たくなる見事さではありませんか。

しかもです。右に挙げた各行にはそれぞれたくさんの所属メンバーがあるのですが、その中にたった一つの動詞しか所属していない行があります。ナ行です。

さあ、ナ行に所属するたった一つの動詞とは、何でしょう。

「○なない―○にます―○ぬ―○ねば―○のう」となる動詞です。頭の中を検索してみてください。はい、答えは――、

「死ぬ」です。

あとはどんなに探しても出てこないはず。

ほかの行にはいくらでもメンバーがいるのに、ナ行にはたったの一つしかない。人間、「死ぬ」ことは一回しかできません。そしてたった一つで一行を独占している動詞が、よりにもよって、「死ぬ」なのです。これが偶然でしょうか。（文語にまで範囲を広げれば「去《い》ぬ」が見つかりますが、それでもたったの二つです。それも存在が不存在にかわるという点では「死ぬ」と同じです。）

五十音表の成立過程にはいろいろややこしい歴史がありますが、こんなヒミツを秘めた五十音表を見ていると、作った人々のワクワク感が見えてくる気がします。自分の口の中で起こっていることを観察し、ルールを発見し、それを人に伝えるべくわかりやすい形にまとめあげる。ワクワクと高揚感に包まれながら作業したに違いありません。

語学というと、今そこにあるルールをひたすら覚えていく機械的なもののように思われがちですが、けっこう自然科学的な、「発見の喜び」のある学問だと思います。

死め！
「死ね」です。

◎コラム　「あせろアメリカ!」

以前住んでいた家の隣に、人なつこい小学生の坊やがいて、しょっちゅうわが家に出入りしておりました。ある日、その彼がワクワク顔で、「これかんでみて」と、ヘクソカズラを持ってきました。ヘクソカズラ、ご存じでしょうか。つる性の植物で、放っておくと庭じゅうを占拠します。花も実もなかなか風情のある、悪くない姿をしているのですが、困ったのが、その旺盛すぎる生命力と、そう、その悪臭です。名は体を表す。葉をちょっともむと、まさに、アレの臭いがするのであります。

きっと、小学生の彼はそのことをどこかで学んできたのでしょう。あるいは、自分も誰かのいたずらに引っかかったのかもしれません。で、隣のおばちゃんにヘクソカズラの臭いをかがせて、ウヘエ！と言わせたかったのに違いありません。

残念ながら、おばちゃんはヘクソカズラをよく知っていましたし、知った上でそれを「かんで」、ウヘエ!と言ってあげる大人げも持ち合わせておりませんでしたので、小学生の悪だくみは不発に終わったのでした。それどころか、「かんで」じゃなくて「かいで」でしょ、と説教まで食らったのです。かわいそうな小学生。

彼は明らかに「かぐ」を「かむ」と混同していました。「かむ」のほうは、「よくかみなさい」とか「ちゃんとかんで食べなさい」などと食卓で注意を受けることによって、いろいろな活用形を頻繁に耳にします。そのため、小さな子どもでも、早くからマ行五段活用動詞（かむ―かみます―かんで）であることがインプットされているでしょう。対する「かぐ」は、ガ行五段活用ですが、使用頻度が低いため、「かぐ―かぎます―かいで」という活用形が身についていなかったに違いありません。

それに、まったく別の音に見える語末の「ぐ」と「む」ですが、どちらも鼻音という点は共通で、実際の発音はかなりまぎらわしい。さらに悪いことに、この二つの動詞は、いずれも鼻と口という近接した身体器官にかかわる語です。なおもややこしいことに、「（チーンと）鼻をかむ」という、別の動詞まである。坊やが混乱したのも、無理はありません。

使用頻度の低い語、あるいは特定の活用形でしか使われない語については、大人でも、あいまいなまま社会生活を営んでいる例は少なくありません。たとえば、「おぶって」は使うけど、「おぶう」はあんまり使わない。だから、あれ、「おぶる」が正しいんだっけ？と自信をなくします。「おもんぱかる」は聞いたことがあるけど、はて、否定形は「おもんぱかない」かな、「おもんぱからない」かな、と不安になります。「権威におもねる」も、目にすることはあっても使ったことはない。だから、いざ使ってみようとして、ええと「おもねって」かな、「おもねて」かな、と焦ります。焦るといえば、以前、マイケル・ムーアという（ふくよかな体形の）アメリカの映画監督の新作について、新聞に堂々と「あせろアメリカ！　やせろマイケル！」という宣伝コメントが出ているのを見たことがあります。「焦る」なんていう動詞を命令形で使うことはまずありませんから、校閲者もつい（あるいはわざと？）、見逃したのでしょう。

かくのごとく、使用頻度の低い動詞の場合、大人だって活用に迷います。ちっとも恥ずかしいことではありませんが、恥をかきたくなければ、辞書を引けばいいだけのことです。辞書には活用グループが書いてある。所属の行と、五段か一段かの別が書いてある。それさえわかれば正しい活用形はすぐにわかりますもんね。

え？　わからない？　では留学生に聞いてください。苦労して（＝意識して）学んだ留学生のほうが、自然に文法を身につけてしまった日本語ネイティブより、むしろ文法の説明は得意だったりするんですよ。

※念のために現時点での標準語における「正解」を。「おぶって」の辞書形（＝終止形）は、「おぶう」（ワ行五段）。「おもんぱかる」はラ行五段なので、否定形は「おもんぱからない」が正解。「おもねる」もラ行五段で「おもねって」が本来だが、一段活用の「おもねて」も一部で認められている。「やせる」は一段動詞なので、命令形は「やせろ」で正しいけれど、「焦る」はラ行五段なので、もし命令形で使うなら「あせれ！」が正解。

4　らぬき、れたす、さいれ

——群れる動詞たち

　ひところラ抜きことばというものが話題になり、コトバにうるさい人々からいっせいに指弾されたものでしたが、そういえば最近はあれだけかしましかった非難の声が聞こえてきません。

　ラ抜きことば、あんまりみんなにいじめられて、消えちゃったんでしょうか。「正しい日本語」勢力に追い詰められて滅んだのでしょうか。

　いやいやどっこい、その逆ですね。ラ抜きが勝った。ラ抜きが日本（語）を征服したのであります。

　もうだいぶ前から、ＮＨＫのアナウンサーでも原稿を離れたおしゃべりのときには、うっかり気を抜くと「こういう風景はなかなか見れませんからねえ」などと言っている、近ごろの若いモンは、などと言いそうな有識者の方々も、しきりに「来れたら」、「寝れなくて」などと発言していらっしゃいます。この流れはもう誰にも止めれない、おっと、止められないでしょう。

日本語教師である私も、親しい人とのおしゃべりでラを抜かない形を使うことが、日に日に困難になってきているのを感じます。たとえば、「今度の週末どう？　うちで一杯やらない？」なんて誘いたいときに、「来られる？」と言うと、友だちをえらく尊敬してるみたいな気がしてしまう。ラレルには、可能のほかに尊敬の意味もあるからです。ときには実際、相手が自分の都合を聞かれたとは思わずに、「誰が？」なんて聞き返してくることすらあります。

尊敬と可能と両義の解釈がありうる「ラ抜かず」は、こんなとき不便です。主語の省略が安心してできなくなってきているのです。ラ抜きなら可能の意味に限定される。しかし日本語教師という商売柄、ラ抜きの流れにもろ手を挙げて身を投じるのはまだ気がとがめる。だがしかし、こんな誤解のリスクをおかしてまで「正統」を貫くのは、疲れる。じつに疲れます。

そもそもラ抜きとは何ぞや。「〜することができる」という可能の意味で、「見れる」、「食べれる」、「来れる」と言ってしまう現象です。正しくは「見られる」、「食べられる」、「来られる」のように、ラを入れて言わなければならんのに！というものです。

しかしですね、「行ける」、「読める」、「話せる」はこのままでOKだし、「取れる」、「戻れる」もこれで正しい。下手にラを入れて「取られる」、「戻られる」などとすると、受身か尊敬の意味になってしまいます。

これはどういうことか。

じつは日本語の動詞は、その活用のしかたによって大きく三つのグループに分けられます。そして可能を表す形の作り方も、そのグループによって違う。ラ抜きが問題になるのは、そのうちの一部だけなのです。

三つのグループのまず一つめは、3章でご紹介した、五段動詞です。五段動詞を可能を表す形にするにはエ段を使います。だからクで終わる動詞はケル、ムならメル、スならセルとなる。「行く↓行ける」、「読む↓読める」、「話す↓話せる」という具合です。したがってラ行の五段動詞である「取る」、「戻る」はルがレルになるんですから、「取れる」、「戻れる」でいい。これはラ抜きではありません。

ラ抜きが問題になるのは、一段動詞というグループの動詞です。せっかく五十音表があってもその五段を使わず、イ段またはエ段の一段だけを使う動詞です。「見る」や「食べる」がそれです。左のごとく、ぜ〜んぶ「み」とか「べ」のままで、変化しない。

見ない―見ます―見る―見れば―見よう
食べない―食べます―食べる―食べれば―食べよう

そしてこの一段動詞を可能の形にするにはレルではなくラレルをつけるというのが、ついひと昔前までは正しい日本語だった。それが今ではレルしかつけない人が急増している、ラ抜きが横行している、というわけです。

三グループに分かれると言いましたが、残る一つは五段でも一段でもなく、不規則に変化するもので、これに所属する動詞はたったの二つ、「来る」と「する」だけです。このうちの「来る」を「来れる」とするのもラ抜きです。（「する」の可能は、「できる」という動詞で丸ごと代替します。）

つまり、ラ抜きが問題になるのは、一段動詞のすべてと、不規則動詞の「来る」だけであって、五段動詞の場合はラが入らないのが正しい、ということです。

バンクーバー五輪（二〇一〇年）のときちょっと話題になったのですが、練習中のケガで出場できなくなったスノーボードの選手が、インタビューに答えて「滑れなくて残念」と発言したところ、その場面のテロップに「滑られなくて」と出たのだそうです。私はその場面を見ていないので真偽のほどは知りませんが、ありそうな話ではあります。

「滑る」は五段動詞ですから、可能は「滑れる」のままでよろしい。テロップを作成する人が、つねひごろラ抜きに神経をとがらせてきたあまり、要りもしないラを入れてしまったのでしょう。ラ抜きならぬ、ラ足しです。過剰防衛です。

れたすというのもあります。「レ足す」です。五段動詞の可能に「行けれる」、「読めれる」とやってしまうミス。もっとも、これはこの形を正統とする方言もあるので、一概にミスとは言えないかもしれませんが、標準語ではやはり間違いです。

なんだか舌がレロレロしてきました。抜かなきゃいいんでしょ、というわけか、そのほかにも足したり入れたりしているうちに、サ入れなどという新顔も出てきました。これは使役の形を作るときのミスです。たとえば「行かさせる」、「やらさせる」などというもの。

自分が何かしたいと思うときに、「〜させていただきます」という言い方がありますね。関西の商人ことばから広まった語法らしいのですが、いまやすっかり全国区。私が都内の駅構内で「ドア、閉めさせていただきまあす」を初めて聞いたのはたしか一九九〇年代半ばでしたが、当時はその丁寧さにひどく違和感を覚えたものです。いまじゃ芸能人の婚約発表記者会見でも、「半年ほど前からお付き合いさせていただいてます」なんてやっている。

サセテイタダクというのは、「こんなことをスルのは図々しいんですけれど、あなたのお許しをいただいて、します」という気持ちの表現です。だから臨時休業のお店の貼り紙の「まことに勝手ながら本日休業させていただきます」だったらまだしも、電車のドアの開閉や会ったこともない芸能人の恋愛関係に、いちいち私ごときの許可を求めていただく必要はないのであります。「ドア、閉めます」、「付き合っております」ときっぱりおっしゃっていただいて一向にかまわない。「閉めさせて」も「お付き合いさせて」も、形としては正しいのですが、私のようなガサツ者の耳には、たいへんに何と申しましょうか、馬鹿丁寧に、さらには慇懃無礼に、聞こえます。

でもとにかくこれが遠慮がちで奥ゆかしく聞こえるというのか、すっかり普及、定

あ！お先に
いただかさせて
いただいてます！

着してしまった。そのせいで、セル／サセルという使役の形がそれまでになく多用されるようになった。それと同時に動詞の活用グループの仕分けに意を用いない人々の間で、サ入れが蔓延、一気に感染が拡大してしまった。——というのが、昨今の状況でしょう。

使役の形を作るには、一段動詞にはサセルをつけます（「食べさせる」、「閉めさせる」）が、五段動詞はセルだけでいいのです（「行かせる」、「やらせる」）。

ラ抜き現象には理由があるし、現在日本を征服しつつあるのもごもっとも。この趨勢は変え（ら）れないと思っていいでしょう。そもそもラレルという一つの活用形に可能と尊敬などという複数の意味を担わせていたことに無理があったのです。二つどころではなく、自発も受身もこの形です。だけれど、レ足すやらサ入れには、そういう言い訳が成り立ちません。こと標準語に関して言えば、少なくとも現時点では、純然たる間違いです。オバカサンだと思われたくなかったら、面倒がらずに動詞のグループ分けをおさらいして、きちんと使い分けたほうがいいと思います。

話が錯綜してきたので、ちょっと「作業手順」を図解しておきましょう。

五段か一段かの一番簡単な見分け方は「～ない」の形を作ってみることです。これが五段動詞だと、ナイの直前が必ずア段の音（文字）になります。

「～ない」の直前がア段→五段動詞→可能にラは不要
　　　　　　　　　　　　　　　　使役にサは不要
「～ない」の直前がア段じゃない→一段動詞→可能には（原則）ラを入れる
　　　　　　　　　　　　　　　　　　　　使役にはサを入れる

練習してみましょうか。

「行く」→「行かない」（おお五段だ！）→可能は「行ける」で、使役は「行かせる」。「閉める」→「閉めない」（お、一段だな）→可能は「閉められる」（まあ「閉めれる」でもＯＫになりつつあるけど）、使役は「閉めさせる」。

こんなことを瞬時にやってのけようというのですから、脳みその処理能力って、すごいですね。しかもこれを日本語という外国語でやってのける学習者はもっとすごい。日本語ネイティブのみなさん、頑張らなくちゃ。

◎コラム　「フレンドリーは難しい」

初級の日本語のテキストを見ると、会話文に次のような例が出てきます。


「スミスさん、お昼を食べに行きませんか?」

「いいですね。行きましょう」

「どこに行きますか?」

「きのうはミドリ食堂で食べましたから、きょうは……」


これを不自然だ、ヘタな三文芝居を見ているようだ、と非難するのは簡単です。職場の同僚だったら、もうちょっとくだけた感じになるだろう、と。


「スミスさん、お昼食べに行かない?」

「いいね。行こう」

「どこ行く?」

「きのうはミドリ食堂で食べたから、きょうは……」


確かにそうかもしれません。でも、「不自然な会話」には、理由があるのです。

最初の例では、動詞はすべてマス形（＝国文法でいうところの連用形）で使われています。「行き（ます）」という形さえ覚えてしまえば、活用グループの別に関係なく、あとは「ます」の部分を「ませんか／ましょう／ました」に入れ替えるだけです。それだけで、提案や誘いかけ、過去など、かなりのことが表現できます。一方、くだけた感じの二番目の例では、「行く」、「行かない」、「行こう」というように、動詞の本体部分を活用させなければなりません。しかも活用のさせ方は所属グループによって違うのですから、まずは所属の見極めが必要になってきます。

さらに格助詞の省略も問題になります。「お昼を食べる」の「を」や、「どこに行く」の「に」は省略できるし、省略した方が自然ですが、「ミドリ食堂で食べた」の「で」は、どんなにざっくばらんな会話でも省略できません。助詞ごとに省略の可否を判断するのは、案外たいへんです。

つまり、「自然でフレンドリー」な話し方をするためには、文法の上で極めて高いハードルを越える必要があるのです。また、もしそこをクリアできたとしても、成人の学習者の場合は、場面や相手との上下関係、親疎による文体の使い分けが求められます。フォーマルな場面で、いきなりくだけた話し方をしてしまったら、品位を疑われるでしょう。それくらいなら、堅苦しい奴だな、と思われる方がまだましです。

というわけで、よそよそしいデス・マス口調は、少しの手間で学習者の「可動域」を広げると同時に、学習者の品位を守る文体でもあるのです。

5　ナウい人とナウな人、どっちがナウ？

――形容詞も群れるのだった。

活用のしかたによって、動詞は三つのグループに分けられるというお話をいたしました。五段動詞と一段動詞、そして成員二名（＝「来る」と「する」）の不規則動詞、という三グループです。

動詞というとおもに動作や変化を表す単語群ですが、様子を表すことを主たる任務とするのが形容詞です。そしてその形容詞にも派閥はあるのでした。こちらは二手に分かれます。国文法で「形容詞」と「形容動詞」と呼ばれているものがそれです。「安い、はやい、おいしい」が形容詞。「きれい、静か、親切」が形容動詞です。国語の授業でこの形容動詞という品詞名を聞かされたとき、どこがどうして動詞なんだろう、と不思議でした。でも自明のこととして授業は進められておりましたから、いささか気の弱い子だったわたくしは、質問をぐっと呑み込んで大人になったのでした。

大人になってからのある日、ふと思い出して調べてみましたら、これはその昔「静かなり、静かなれ、静かならず」のようにナリ活用だった語たちで、ナリというのはナラズ―ナリ―ナル―ナレバ―ナロウのようにラ行動詞の活用に似た変化をする。そこで、意味は形容詞っぽいんだけど、形の変わり方が動詞っぽいというところから、形容動詞と呼んだのだそうです。

けっこういい加減。

ちょっとがっかり。

それに今じゃ誰も「ちょっとー、お隣さん、静かなれ！」なんて言いません。「静かにしてよ！」ですものね。形容動詞なんて呼ぶ理由はなくなっています。

外国人相手の日本語教育では、こうした文法用語のネーミングが、たいへん素朴で直球型。「安い店」、「はやい店」、「おいしい店」の仲間を「イ形容詞」、「きれいな店」、「静かな店」、「親切な店」を「ナ形容詞」と呼んでおります。連体形、すなわち名詞の前に置いてその名詞を修飾する形にしたとき、そのしっぽがイになるかナになるか、という見た目で分けるのです。さっぱりすっきり、わかりやすい。

ではここでクイズです。

日本語の形容詞にはイ形容詞とナ形容詞があるわけですが、さて、派閥構成員の数が多いのはどっちでしょうか。

という質問を、たとえば日本語教師養成講座とか、日本語教育能力検定試験（年一回実施。けっこうハードな試験です）の受験対策セミナーなどで持ち出しますと、まずほとんどの方が、イ形容詞のほうが優勢だ、とお答えになります。

だってほら、高い安い高い低いおいしいまずい広い狭い大きい小さい新しい古い明るい暗い強い弱い暑い寒い長い短い深い浅い、ええと、そうそう、うれしい悲しい楽しいつまらない……、という具合に、すらすらずいずいと並べてくださる。

でも正解は、ナ形容詞のほうが多い、です。しかも圧倒的に多い、です。しかし例を挙げようとすると――、

きれい、静か、有名、暇、元気、素敵、好き、嫌い、簡単、大変、便利、不便、丈夫、上手、下手、にぎやか、……

対義語のペアになっているものが少ないこともあって、イ形容詞ほどすらすらとは例が出てこないのではないでしょうか。でもちょっと目を上げて見回してみると、ナ

形容詞は身の回りにごろごろしております。

道徳的（な犬）、楽観的（な猫）、精力的（な毛づくろい）、肉感的（な遠吠え）などなど、「〇〇的な」というナ形容詞がいくらでも転がっています。

話はちょっとそれますが、あまたある辞書の中に、逆引き辞典というものがあるのをご存じでしょうか。ふつうたいていの辞書は、その単語の頭の音、二番目の音、その次の音という具合に、それぞれに五十音順に並んでいますが、この逆引きというのは、まさにその逆、単語のしっぽから並んでおります。

たとえば「にくかんてき」だったら、ふつうの辞典ではナ行のニのところに出ています。二番目の音はクです。辞書によっては「にっかんてき」という見出しを立てているものもありますから、クになければツを探すことになりますが、ともかく頭から引いていきます。ところが逆引き辞典では、この同じ「肉感的」が、キのところに出てくるわけです。「きてんかくに」（または「きてんかつに」）という順に音をたどって引くことになる。

何のためにこんな辞書があるかというと、語末に一定の要素を持つ語をまとめて知りたい、たとえば「つく」で終わる複合動詞「気づく、むかつく、ぱさつく」をまとめて探したいとか、「星」のいろいろ（流れ星、七つ星、彦星）を知りたいとかいう人のためです。日本語教師ももちろん利用しますが、クロスワードパズルを作ったり解いたりするときにも便利そうです。それに、詩人や作詞家やラッパーだったら、脚韻を踏む単語を探すために引くかもしれません（流れ星、勝ち星、陰干し、起き上がり小法師♪とかね）。

で、ナ形容詞ですが、「ナントカ的」という語はすべてナ形容詞になりますので、その例を挙げたければ、この逆引き辞典で「てき」で終わる（すなわち「きて」から始まる）語をさがせば、一目瞭然、ずらずらと並んでおります。

これが、おもしろい。けっこうクセになります。一部を抜き出してみますね。

人道的戦闘的反動的機能的官能的本能的（ここで放擲法的法敵なんてのがはさまったのち、さらに）開放的合法的希望的一方的絶望的……というふうに「ナントカ的」が並んでいるのです。意味もなく意味ありげに並んでいる。さらに先を探すと、精神的超人的良心的革新的個人的殺人的献身的……。何がどうとは言いがたいのだけれども、えもいわれぬおかしさがありますでしょう？

ありません？

モンブラン的な
ものは
ありますか?

えー、何が言いたかったかと言いますと、とにかく「的」をつけちゃえば、たいがいの名詞がナ形容詞になってしまうのです。「犬的な行動」、「猫的な発想」なんて言うことも可能ですし、近年は「ワタシ的」なんてのも幅を利かせています。ナ形容詞の連用形は「〜に」ですから、「ワタシ的には（おかしくもなんともありませんね）」というような形で大活躍中です。

「的」がつくのは名詞だけとは限りません。もうちょっと長い、文みたいなものにつけて、「私は何も知りません的な態度」とか、もっとうんと長くして「ああこんなこと言っちゃってほんとになったらどうしましょ的なリアクション」てなことも言えてしまう。つまりたいへんに造語力の強い接尾辞なのです。でありますから、この「ナントカ的」だけでも、イ形容詞を優にしのぐ数になるでありましょう。

さらには、いわゆるカタカナことば、外来語も、形容詞として日本語に導入される場合は、たいていナ形容詞になります。エコな、ロハスな、クールな、セクシーな、……という具合。イ形容詞になったカタカナ語はとても少ないと思います。

私が思いつくのは「ナウい」ぐらいしかありません。それだって「ナウな」という言い方もありますからね。やはりナ形容詞として招来するのがデフォルトのようです。

それをありきたりのナ形容詞じゃなくてイ形容詞にした、という時点で、おそらくナウいのほうがナウなよりもナウいんでしょう。

ともあれ、外来語というのは日々増え続けています。ちょっとナウい表現を見つければすぐに取り入れる柔軟さ（そうですとも。軽薄さとは言いますまい）が日本語にはありますから、カタカナ語のナ形容詞は、その寿命の長短は別として、日々生まれ続けています。

というわけです。とにかくイ形容詞よりナ形容詞のほうが圧倒的に多いのです。

ではなぜ、ほとんどの日本語ネイティブはイ形容詞のほうが多いと答えるのか。

それは使用頻度のせいです。「良好である」、「可憐だわ」、「ドラマチックだぜ」などとはめったに言わないでしょうが、「いい！」、「か〜わいい♪」、「すげー」は、使わない日がないくらいだと思います。イ形容詞は日常汎用の形容詞なのです。

◎コラム　「エコくてエロい」

イ形容詞になったカタカナ語はとても少なくて、思いつくのは「ナウい」ぐらいだ、と書きましたところ、あるよ、と教えてくださる方がありました。

「エロい」

あー、たしかに。

そして、これとよく対になって使われるのが「グロ」ですが、こちらもネットで検索すると、「グロい」という形が相当数ヒットします。

ただ、この二つは、どちらも「エロティック」、「グロテスク」のしっぽが省略されています。省略しないで使うときは、やはりどちらもナ形容詞です。外来語による形容詞はナ形容詞、という基本線は変わらないようです。

検索ついでに、「ナウい」と「ナウな」、今ではどっちが優勢かしらんと調べてみたら、「ナウな」のほうが一桁多く生き残っているようでした。ただし、「ナウな、という言い方はダサイ」というような、否定的文脈で使われる例もヒット数のうちには入っていることでしょう。ですから、どちらが生き残ったというような単純な話にはなりませんけれども、今となっては昭和の香りただよう両語、そこはやはり正統派の造語法による「ナウな」のほうが生命力が強いのかもしれない、とは言えそうです。

ことばの変化には理由がある。いっぽうで、理屈では説明のつかないところも当然ある。たとえば近年使用されることがたいへん多い「エコな」は、「エコロジカルな」であって、しっぽが省略されている点では、「エロい」「グロい」と同じです。それでいくと「エコい」が出てきてもよさそうに思うのですけれど、私は聞いたことがありません。音もかわいいし、いいんじゃないかな、「エコい」。普及しないかしら、——と、ここまで書いて不安になり、またまたググってみました。

……ありました。「エコいヒーター」に、「エコいゴミ箱」。

ゴミ箱の方はですね、「萌える（燃える）」か「萌えない（燃えない）」かを分別してゴミを投入すると、何やら色っぽい声が出る、のだそうな。エロい声を出すエコいゴミ箱。これをセンスがいいと言っていいものかどうか。いささか微妙ではありますが、ことばで遊ぶ、その意気やよし。

6　品詞の谷間
――群れからはぐれた単語たち

文法というとルール、ルールというと例外なし、という感じがしますけれども、そう無機質なものでもなくて、じつは品詞分類一つとってもけっこうふにゃっとしております。そこはそれ、「ことばは生き物」ですもの、伸びたり縮んだり、ぬらぬらとよその陣地に入り込んだり、思いもよらぬ跳躍を見せたりということは、あるわけです。

三大メジャー品詞は名詞、動詞、形容詞ですが、私の勝手な脳内イメージでは、この三品詞は三つの広闊な台地を形成しています。それぞれの間には谷があって、ところどころに獣道が通っていたり細い吊り橋がかかっていたりする。台地で暮らす単語たちは、その吊り橋を渡って谷向かいの台地に行くこともできるし、中には翼を持ったどっちつかずのコウモリのような単語もいて、自在に行き来している。――そんな感じです。

名詞台地の中心には、「鉛筆」とか「消しゴム」のような、手にとってなでまわすことのできる「物の名」たちがいます。でも台地のふちのほうには、なんとなくつかみどころのない、「祭り」、「結婚式」とか、「勉強」、「サボり」とかいう連中がいて、純度百パーセントの「物」の名前の名詞とは違うふるまいをしています。

たとえば、存在を表す「○○があります」という文型が日本語学習の初級に出てくるのですが、この○○が鉛筆や消しゴムの場合は「〈場所〉に○○があります」となります。それに対して、祭りや結婚式の場合は、「〈場所〉で○○があります」となります。名詞のくせに動詞的な要素を含むからです。このデは、アクションやイベントが行われる場所を示す、デです。

さらに台地のふちの住人には、「勉強する」、「婚活する」のように、スルをつければあっさり動詞に変身する名詞も多い。「主夫してます」なんて言うことも可能。反対に、「サボり」などというのは、どう見ても「サボる」という動詞が先にあったことは明らかです。「祭り」だって、もとはといえば「祀《まつ》る」という動詞から来ています。
この、品詞を越えた変身を転生ならぬ転成というのですが、動詞から名詞への転成は、日本語ではたいへん簡単にできます。「まつる→まつり」のように、動詞の「～マス」の形（まつります）を取り出せば、そのまま名詞になってしまうのです。今ざっと机の上を見まわしただけでも、はさみ、下敷き、爪切り、ものさし、ペン立て、筆入れ、があるのですが、これらも、はさむ、敷く、切る、などの動詞から作られた名詞です。本にはさまっている「しおり」なんていうのは「枝《し》折《お》る」という動詞から来ているのだそうで、山道で帰りの道しるべのために木の枝を折っておいたのだという、なかなか風雅な語源を持っています。

形容詞に目を移します。形容詞と名詞のいちばんの違いは、名詞には「が／を／に」のような格助詞がつく、という点ですが、ここにも品詞またがりのどっちつかずが若干名おります。もっとも名詞とイ形容詞にまたがるものは多くはありません。色や形の名前に少々見つかるだけです。「青／青い」、「黄色／黄色い」、「丸／丸い」のように。

それにくらべると、ナ形容詞と名詞の間の谷は浅いらしく、コウモリ的な単語がけっこう見つかります。たとえば「元気」。「子どもは元気がなくちゃね」なんて言うときは格助詞のガがついていますから名詞ですが、「元気な子どもだ」と言うときは、ナ形容詞です。「健康」も同様に、「健康を考える」（名詞）と、「健康な生活」（ナ形容詞）の両方に使えます。「親切」や「必要」も、形・名両用です。

この谷の浅さを利用して、ルール違反ギリギリの、生きのいい表現を試みる例は数多く見られます。たとえば「昭和」という語をそのまま名詞として使って「昭和の歌」と言えば、それは昭和の時代に作られた歌ということになりますが、形容詞として「昭和な歌」と言ったらどうでしょう。実際には平成の御世に作られた曲かもしれなくても、昭和っぽい、昭和の空気をまとった歌ということを言いたいのだろうな、とわかります。「昭和」が遠のき、その属性が一般に認知されるようになってきた今だから、使える手です。

ある名詞をめぐってこのように共通認識が成り立つかどうかというのが、それをそのままナ形容詞にできるかどうかのカギになります。だから「猫な色」は無理がありのます。全猫共通の色はありませんから。でも「猫な生活」、「猫な奴」、「猫な態度」は、なんとなく理解される気がする。少なくとも猫もちさんならわかるでしょう。

こんだけ猫、猫言うのって、この著者、ビョーキじゃね？　なんて言うときの「ビョーキ」は、だから形容詞なのだと思います。少し前までなら「病的だ」というきちんとした言い方をしたところでしょう。「病気のおばさん」はちゃんと病院で診てもらったほうがいいでしょうが、「ビョーキなおばさん」は、軽く受け流して放っておくに限る。その辺の違いがカタカナ表記にうまく表されていると思います。

さて、品詞の谷間をパタついているコウモリは、名詞と形容詞だけではありません。動詞にも挙動不審のやからがおります。

「動詞」とは、品詞名からすれば、動きを表す詞《ことば》でしょう。「踊る」、「飲む」、「歌う」、「跳ねる」、……たしかに元気いっぱい、動いています。「座る」、「休む」、「寝る」なんかになると、あんまり元気じゃなくなりますが、まあ半歩譲ってこれも（静かな）動きだと言えなくはない。でも、「冷める」、「太る」、「さびる」になると、半歩ではすまない。だいぶ譲ってさらに広い心で受け入れるつもりがないと、これを動きとは認めがたい。さらに進んで、「ある」、「いる」、「要る」、「（日本語が）できる」あたりになると、いかな広い心をもってしても、これらの中に動きを見出すことはできかねます。

それでも、みんな動詞なんですね。とても動詞らしい元気な動詞もあれば、あんまり動詞っぽくない、もの静かな動詞もある、ということです。そうしてその違いは、意味から見た印象だけではなく、形の上にも現れます。

たとえば、動きの生起場所を表すのには「〈場所〉＋〇」という補語を使いますが、この〇に入る格助詞が違ってくる。生き生きとした元気な動詞には「〈場所〉で」です。「浜辺で踊る」、「職場で飲む」、「ベランダで歌う」、「人の枕元で跳ねる」。

これが静かなのになると、デじゃなくてニでもよくなります。「縁側で／に寝る」、「木陰で／に休む」。「座る」だと立った姿勢からの移動があってその着点という意味も入ってくるため、「いすに座る」のように、ニのほうが断然よくなる。

動きがほとんど感じられないような「冷める」、「太る」の類は、また別のふるまいをします。ちょっと形を変えて「〜している」としてみてください。元気な動詞たちの場合は、「踊っている」、「飲んでいる」、「歌っている」と、すべて「今している最中」という意味になります。いわゆる〈動作の進行〉です。

ところが同じことを動きのないタイプの動詞にやってみるとどうなるか。「太っている」、「冷めている」。どうでしょう。日々むくむくと体重が増えつつあるとしても、「今太っている最中でして」とは言えませんね。夫婦の仲が険悪になる事態が現在進行中だとしても、「今冷めているところです」とは言わない。「太っている」というのは、「太った後」の状態を表しています。「冷めている」も、「もう冷めてしまった後」の状態です。

同じように「〜している」の形にしても、〈動作の進行〉ではなく、いうなれば〈結果の状態〉を表してしまうものがあるということなのです。このタイプの動詞は、もともとじつは〈動作〉ではなく、〈変化〉を表しています。「太る」、「冷める」、「さびる」のほかにもたくさんあります。「やせる」もそうですし、「(電気が)つく/消える」、「(ドアが)開く/閉まる」もそう。さきほどの「座る」とその反対の「立つ」も、一見、動作に見えますが、このタイプ。さらに「結婚する」や「死ぬ」も、〈変化〉を表す動詞です。「結婚する/死ぬ」前と、「結婚した/死んだ」後では状態が変わります(変わりますでしょ?)。事後の状態を表すのが、「結婚している/死んでいる」の形です。

ここでひとこと、中学校英語に対する恨み節を述べさせてください。

太っている
冷めている
食べている
結婚している

be～ing＝～シテイルって習いました。それなのに次の授業でHe was dying.というのを「彼は死んでいた」と訳したら、先生は「死にかけていた」だとおっしゃる。「まだ死んでない」とおっしゃるのです。「なぜって言われてもなあ。ま、ここは例外ってことで、deadっていう形容詞があるから、シンデイルにはそれ使ってね」で、おしまい。

ここは日本語のほうを振り返らせてほしかった。「踊っている」と「死んでいる」、「歌っている」と「太っている」の違いを、まず探させてほしかった。自分の母語の「～している」のほうにこそ二種類ある、ということに気づかせてほしかったなあ、と思います。

すみません。愚痴になりました。

この〈変化〉を表すタイプの動詞は、名詞を修飾するときには「～した」の形をとることが多い。「太った猫」、「明かりの消えた窓」、「冷めた夫婦仲」。そして中には、〈変化の結果の状態〉を表すほうが本業になってしまったようなものもあります。「くびれた／引き締まった／たるんだ（腹回り）」、「伸びた／曲がった／ふくらんだ（しっぽ）」のように。こうなると、形の上では動詞なのですが、働きはどんどん形容詞に近くなってきます。

最後に「ある」、「いる」、「要る」、「（日本語が）できる」のタイプを見ましょう。これらの特徴は、まず「〜している」の形がない、ということです。西のほうの方言では「そこにいてて（＝いていてください）」のような言い方もしますが、標準語ではしません。もともとが動作でも変化でもなく〈状態〉を表しているため、さらにそれを状態化するような形を受けつけないのです。

もう一つの特徴は、「ある」、「いる」の仲間はこの形のままで〈現在〉を表す、ということ。当たり前でしょ？と思われるかもしれませんが、これが動作や変化を表す動詞だと、そうはなりません。「歌う」と言ったら「今から」歌うのです。未来です。「結婚する」と言ったら、「近々」結婚するのです。将来の予定です。動詞のタイプによっては、辞書に載っている形が「現在」形とは限らないのでした。

そして、初めから〈状態〉を表しているこのタイプは、意味的には形容詞に近い。「要る」には「必要だ」という類義の表現があります。ナ形容詞です。「ある」の反対語は？と探すと、「ない」です。これはイ形容詞。「違う」は〈変化〉動詞に分類されるものですが、これまた反対語を探すと、「同じ」という形容詞に行き当たります。

動詞という広大な台地の真ん中でぴょんぴょん元気に跳ねている動作動詞にくらべ、谷間に面した斜面で静かにしている動詞たちには、おもしろいものがたくさんあります。なんというか、出世街道の本流にいる社員よりも、落ちこぼれ気味に目立たないところで仕事をしている人が、社外に意外な人脈を持っていたりする感じに似ています。

◎コラム　「‐ｉｎｇは『ショル』」

中学校のときの英語の先生には、もう少し言いたいことがあります。

わたくし、飛騨高山というところに生まれ育ったのですが、この飛騨地方のことばは、〈進行〉と〈結果〉を、それぞれ別の形式で表します。ですから、たとえばヨシタケシンスケさんが絶妙に描いてくださいました、この夫婦、標準語ではすべて「〜している」になっているところを、高山弁では「〜しよる」と「〜しとる」という二つの形で表し分けることができます。「食べている」だけは「食べよる」、ほかの三つは「結婚しとる、冷めとる、太っとる」になるのです。逆にいえば、標準語は「〜している」という形一つで〈進行〉と〈結果〉を表すという、かなり無理な芸当をしているわけです。どちらの意味になるかは、「〜」に入る動詞が、運動を表すタイプなのか、変化を表すタイプなのかに依存しているわけです。これはいかにも苦しいシステムではないでしょうか。

その点、高山弁は、それぞれに専用の形があるのですから、「冷めつつある」と言いたければ「冷めよる」と言うことができます。「お茶、冷めよるよ。早よ、飲みない（＝飲みなさい）」なら、〈進行〉です。そして「お茶、冷めとるな。新しいの淹《い》れるさな」なら、〈結果〉です。またこの「〜しよる」は、「あの娘はもうちょっとでとんでもない男と結婚しよった」というように、危ういところで気づいて人生の選択を誤らずにすんだ、という進行局面も表現できます。

で、中学の英語の先生に何を言いたいかというとですね、高山人が高山人に英語を教えるのであれば、高山弁で説明してくれればよかったのに！ということです。be〜ing＝〜シテイルではなく、＝〜シヨルである、と。だから was dying は「死んでいる」ではなく「死による」である、と。つまり、die という英単語が例外なのではなく、日本語標準語の「〜している」が〈進行〉と〈結果〉を表すなどというアクロバティックなことをしている、そちらのほうが例外的事象なのだ、と気づかせてくだされればよかったのです。

留学生たちの母語にも、〈進行〉と〈結果〉で別々の形式をもつ言語は多いので、日本語標準語のこの曲芸には悩まされる人が少なくありません。

日本人に英語を教える日本人の先生、ご自分のほんとうの母語（＝母方言）を掘り下げてみると、意外な宝物が隠れているかもしれませんよ。利用しない手はないと思います。

7 お茶が入《はい》りました。
——入《い》れたのは私ですけどね。

なんですか英語を目の敵にしているようですけれども、けっしてそんなことはないんですけれども、英語ってちょっといい加減だなあ、と思います。ひきつづき動詞の話です。英語の辞書を開いてみますと、ほとんどの動詞が、自動詞と他動詞と両方に使えるようになっています。目的語がなくてもあっても、どちらでもいいのですね。

日本語にもわずかながらそういうの、つまり「○○がドウスル」と「○○をドウスル」の両方に使える動詞は、あります。でもほんとうに少ない。ぱっと思いつくのは二つだけです。「終わる」と「開《ひら》く」。「授業が終わる／授業を終わる」、「門がひらく／門をひらく」とどちらにも使えます。それでも他動詞の「終える」が別にありますから、「終わる」はどちらかというと「○○を」という目的語を取らないで、自動詞専用に扱われることが多いでしょう。「ひらく」のほうも、「○○が開《あ》く」と「○○を開《あ》ける」という類義の二語がありますから、そちらを使えば、やはりちゃんと自他を使い分けることができます。

なんとなく日本語のほうがきちんとしているように思えて、誰かに自慢したくなります。などと、こんなところで国威発揚に努めるつもりはないのですが、自慢したくなるほど、日本語の動詞には自動詞と他動詞でペアになるものがじつにたくさんあります。

ですが反面、このことは、日本語学習者をかなり苦しめております。

なにしろ覚えるのがたいへん。数が多い上に、ペアの組み方に法則があるような、ないような、ないようで、あるような、ともかく非常に覚えにくい。ネイティブは自在に使いこなしていますが、これがどんなにたいへんなものか、ちょっとご覧いただきましょう。

自動詞―他動詞、の順番で何組か例を並べてみます。

曲がる―曲げる、止まる―止める、続く―続ける、閉まる―閉める、つく―つけるこう見てきて、「よし、○eるというのが他動詞だな」と思っていると、折れる―折る、切れる―切る、焼ける―焼く、割れる―割る、取れる―取るなんていうペアも多くて、ここでは○eるは自動詞です。さらに、焦げる―焦がす、落ちる―落とす、直る―直す、戻る―戻すというのがあるから、「○る」が自動詞、「○す」というのが他動詞だな、よし今度こそ、と思っていると、

動く―動かす、乾く―乾かす、退《ど》く―退《ど》かす、飛ぶ―飛ばす、ずれる―ずらすのように、「○す＝他動詞」説は無事でも、自動詞のほうには「○く」や「○ぶ」や「○る」やらが出てくる。さらには「消《き》える―消《け》す」、「入《はい》る―入《い》れる」、「出《で》る―出《だ》す」のように漢字の読みが違うものまである。

外国人学習者がうんざりするのも無理はありません。

でもここをなんとか乗り越えてもらわないと、この先の授業が進まなくなるのです。

たとえば、

「ビール冷えてる？」「うん、冷やしといたよ」

「窓閉めた？」「あ、いっけない、あいてた」

「レポート出てませんよ」「え、先週のうちに出してありますけど」

といったやりとりは頻繁にあると思うのですが、ここにはいくつもの文型が使われていて、それぞれに自動詞・他動詞どちらを使うかが決まっています。

6章で触れた〈変化の結果の状態〉を表すことになる「(ビールが)冷えている」、「(窓が)あいていた」などの、「〇〇が~している」に使われるのは、ペアのうちの自動詞たちです。ぬかりはござんせんよ、という気分で使う、「(ビールを)冷やしておいた」の「~しておく」や、「(レポートを)出してある」の「~してある」には、他動詞が使われます。

形がまず覚えにくい上に、どの文型でどっちを使うか、いちいち悩まなければなりません。このほかに、さらに学習が進めば受身や使役といった難問もからんできますので、教えながら学生が気の毒になってくるほどです。

ですがそれ以上に学習者をとまどわせるのは、そもそもいつ、その文型を使うのか、どんなときに自動詞を使い、どんなときに他動詞を使うのか、といった根本のところだという気がします。

たとえばさきほどの「ビール冷えてる?」という質問に対して、もちろん「冷やしといたよ」はすばらしい回答なのですが、もし日本人百人にアンケートをとったなら、おそらく「うん、冷えてるよ」と答える人のほうが多そうな気がしませんか？　レポートの例でも、「え、出てるはずですけど」と言う人がけっこうな確率でいそうです。

この私が、重いビールを買ってきて小さな冷蔵庫の中身をやりくりして「冷やした」にもかかわらず、自動詞の「冷えて」いる、を使う。この僕が、ひと晩寝ないで、恋人とのデートも犠牲にして、必死の思いで書いて「出した」にもかかわらず、自動詞を使って「出て」いるはずだ、と答える。

労を費やした「私」や「僕」が消え、ビールやレポートが勝手に冷えたり、出たりしているのです。日本という国では、人為でものごとを動かすのではなく、神がかり的に「そうなる」のである、と言いたくなります。

ところが。

「ハンカチ落としましたよ」

なんていうのが、ある。

「ケータイなくしちゃった」

なんてことも、言います。

いずれもわざと落としたわけでも、故意になくしたわけでもないのに、他動詞を使う。自動詞を使った「落ちましたよ」、「なくなっちゃった」という言い方もアリですが、おそらくこれも日本人百人の発話を調べたら、他動詞のほうが多いことでしょう。不思議です。

なんか逆さまじゃないですか？

次のような言い方があります。

「教え子を（戦地に送って）死なせた」

戦時中の教育を悔いる教師のことばとして、よく目にします。ハンカチやケータイの話からいきなり重い例に飛んで気が引けますが、どうもこんなふうに、故意ではなくても「自分に非がある」事態になってしまったときに、他動詞を使うことが多い。「死ぬ」には対応する他動詞がないので、この例は使役の形になっていますが、この「自責の念」がさらに強くなると、

「教え子を殺したのは私だ」

のように、ずばり、他動詞を使う言い方さえします。当時の状況ではどうしようもなかった、むしろ「教え子を殺された」と言ってもいいような思想の持ち主だったか

もしれない先生ほど、こういう強い表現を使いそうです。むろん、その先生が手を下したわけではありません。

話が深刻になりましたが、「ケータイなくしちゃった」にも、精神としては同じものを感じます。「私ってバカね、またやっちゃった」という気分が見えます。「ハンカチ落としましたよ」にも、「もしもし、わざとじゃないのはわかってますが、ハンカチが落ちたことに気づかないなんて、少々不注意ですね」的な気分が漂っている気がします。

わざとじゃない行為（＝不作為の行為）に他動詞（や使役）を使う例をながめてみると、どうもイイコトは少ないと言えそうです。

逆に、「ビールは冷えてるよ。（僕が冷やしといたからね。なんてエライ僕！）」とか、「お茶が入《はい》りましたよ。（入《い》れたのは私ですけどね。私だって忙しいんですけどね）」というようなイイコトの場面では、日本語人は奥ゆかしくも自動詞を使う、という傾向があるのかもしれません。

やぶれたわよ?
お客様が
やぶいたんです。

◎コラム　「ブレない」

この自動詞・他動詞は、日本語学習者をかなり苦しめます。述べました通り、形作りに法則があってないようなものですし、格助詞「が」と「を」の使い分けもめんどうです。でも何より学習者のモチベーションが上がらないのは、そもそもなぜそんな二つの形が必要なんだ、どっちだっていいじゃないか！という点ゆえであろうと思います。

必要性がわかれば、多少めんどくさくても覚えてやろう、という気になってくれるはず。自動詞・他動詞の使い分けがきちんとできるとこんなイイコトがありますよ、と学習者を説得できればいいわけです。そんなイイコトの一つは、「視点の統一ができる」ことです。つぎの例文は、ふるさと自慢の学習者が「ロシアで一番きれいな私の町」について書いてくれた中にあったものです。

　私の町は、ホテルが増えてもっと観光客を受け入れた方がいいです。

わからなくはないけれど、二度見ならぬ二度読みしたくなりませんか？「私の町」の視点で読もうとしているところに、「ホテル」という視点が横から入ってきて、視界がブレるような感じがあります。「受け入れる」のは誰？という戸惑いが生じます。こんなとき、視界をスッキリさせる一つの方法が、自動詞・他動詞の見直しです。ホテルの増設と観光客の受け入れを担う動作主体を一本化する方法です。

私の町は、ホテルを増やしてもっと観光客を受け入れた方がいいです。

また、講師の猫好きを知った学生は、何かにつけて猫入りの例文を量産してくれるのですが、その中にこんなのもありました。

猫はしっぽが揺れながら走っています。

かわいい例文をありがとう。でもこれも、「しっぽを揺らしながら」にしてほしかったなあ。そうじゃないと、ピントがしっぽに合ったり猫本体に合ったり、手ブレのひどい動画を見せられているようで、読む人は酔ってしまいます。

自動詞・他動詞のペアを組む相手がない動詞の場合には、ほかの手段で視点をそろえます。例えば、次のような場合は、自動詞の代わりに受け身の形を使います。

ぼくは彼女がぼくをふってからずっと一人です。
↓

ぼくは彼女にふられてからずっと一人です。
こうすれば、視点を「ぼく」に統一することができ、読む人は安心して「ぼく」に同情できます。次の例では、使役の形を使うことで、視点のブレが解決されます。

こんなにいい天気なのに課題ばかりするなんて、先生はひどい。
↓
こんなにいい天気なのに課題ばかりさせるなんて、先生はひどい。
そんなこと言われましても……。

8　日本語はあいまい？　非論理的？

——だってわかっちゃうんだもん。

歴史教科書をめぐる論争の中などで、自虐史観ということばが時おり聞かれます。事実に基づいて反省すべきをきちんと反省するのにサドもマゾもないんじゃないかと思うのですけれども、それはさておき、母語である日本語について、妙にマゾヒスティックな発言をする人をたまに、いや、しばしば見かけます。いわく——、

日本語ってあいまいだからさ、論理的な文章には向かないんだってね。省略が多くてさ、いい加減っていうか文脈に依存してるっていうか、みなまで言わせるな、お察しくだされ、みたいなさ、腹芸っていうの？　なんかそんな感じ？　やだねえ。

こういう考え方こそ、自虐日本語観とでも言ったらいいのではないでしょうか。だいじょうぶ、日本語はちゃんとした言語です。たしかに省略、とくに主語の省略

が多いのは事実ですが、それは省略してもしっかり通じるシステムが備わっているから省略するのであって、不要なものを言わないですますのは経済的かつ合理的でこそあれ、いい加減などとのそしりを受けるいわれはありません。

だいたいが日本語は述語中心の言語です。中学校で英語を習い始めたとき、It's fine today. とか There's a cat on the table. なんていうのが出てきて、「それは今日はいい天気だ」、「あそこにテーブルの上に猫がいる」などと訳してしまい、先生に直された人はいませんか？　その it は訳さなくていい、その there も放っておきなさい、と。

「天候の it」って何？　この前の授業で「there＝あそこ」って先生言ってたぢゃない。なのに、なんで？

英語はこんなときにまで主語を要求する言語なのですね。形骸化した、形だけの主語です。私のニッポン的な頭からすると、そちらのほうがよっぽど非論理的に見えるのですけれども、とにかく主語が決まらないことには、動詞をどんな形にするかが決まらず、したがって文が作れない、という性質があるらしい。日本語とは根本的に文作りの「向き」が逆です。日本語はとにかく述語が大事で、主語なんかなくてもかなりのことがやっていけるようになっているのです。そしてそこにはいろいろと便利なしかけがあります。

主語の省略をささえる述語の強力なシステムの一つが、敬語です。

「お酒は召し上がりますか?」

なんて聞かれた場合、その返事としては「ええ、飲みます」、「ええ、いただきます」、「ええ、召し上がりますよ」、「うん、飲む飲む」、ざっと四通りは考えられます。誰がお酒を「召し上がる」のかを瞬時に判断し、その上で適切な答えをこれまた瞬時に選んで、返す。

判断の基準は何か。

まずは、「ますか?」の部分です。いわゆるデス・マスは、丁寧語というもので、会話の相手を敬して使うのが基本です。「ますか?」が使われたということは、この質問者は自分と相手との関係をタメ口がきける関係ではない、と判断したことを表している。

次が「召し上がり」の部分。これは尊敬語で、お酒を飲む動作主体、「飲む人」を尊敬していることを表現するために使われています。ここで「飲む人」の可能性は二つ、出てくる。一つはここにいない誰か（尊敬すべき人）。そしてもう一つは会話の相手です。

この二つの可能性から、正解をどう絞り込んでいくか。

もしこれ以前の会話の中でここにいない誰かをまったく話題にしていなかったとしたら、第一の可能性は消えます。唐突に第三者を話題にしようとするときにその人への言及を省略することは（いくら省略好きの日本語でも）、ありえないからです。聞かれた人は、ああ自分の飲酒傾向を聞かれているのだな、と思ってよろしい。

逆に、すでに話題になっている人物があったとしたら、「飲む人」は、その話題の人物である可能性が大です。いずれの場合も、質問者が話題の人物なり会話の相手なりに対して尊敬語を使うイワレがあるかどうかが、重要な手がかりになります。

このようにして動作主「飲む人」が誰かの判断がついたところで、答えを選ぶことになります。それが第三者であり、かつ質問者からも回答者からも尊敬すべき人物であれば、「召し上がりますよ」になる。回答者本人もしくはその身内であれば、「飲みます」になる。回答者のほうからも質問者を敬すべき人物だと考えていれば、一歩下がって謙譲語で「いただきます」とする。反対に、回答者が質問者より目上であり、その関係を自他共に遠慮なく認めていいと判断するなら、「飲む飲む」となる。

いやはや、こうして並べてみると、すごい判断をすごいスピードでしているものだと感心してしまいますが、組み合わせはこれだけではありません。さらにたとえば「うん、召し上がるよ」なんていう答えもありえます。もしこんな答えが返ってきたとしたら、質問した人は、そうか、この人（＝回答者）は話題の第三者のことは尊敬しているけど、会話の相手である自分のことは尊敬してないんだな、と知ることになるでしょう。

丁寧語・尊敬語・謙譲語という敬語のシステムは、主語の省略をささえるだけでなく、会話の当事者たちや話題の人物とのそれぞれの人間関係（をそれぞれがどうとらえているか）を雄弁に語る手段でもあるのです。

4章で話題にしたラ抜きが、言語の経済性からいって理由のあることだというのも、これに当たります。従来どおりだと、「（納豆は）食べられますか？」が尊敬なのか可能なのかがわからない。そうなると、動作主体の絞り込みに支障がある。ですが、可能はラ抜き、尊敬はラ入りで行こうぜ、という新ルールが定着すれば、「食べられますか？」は尊敬だと判断できますから、「食べる」の動作主の判定はずいぶん楽になるというわけです。

もう一つ、主語を省略しても文意の把握に困らないシステムが、形容詞にもあります。「うれしい、悲しい、寂しい、口惜しい」とか、「痛い、かゆい、まぶしい、眠い」などの、感情・感覚の形容詞です。「～したい」のような、願望を表す形式もこれに準じます。

誰かが「足が痛い！」と叫んだとしたら、それは叫んだ当人（＝話し手）が痛みを感じているということであり、「誰の足が？」などとのんびり聞き返す人はいないでしょう。「ああうれしい」、「口惜しいなあ」、「酒飲みたいっ」も同様です。「何かあったの？」ぐらいは聞きたくなるかもしれないけど、「それは誰の気持ち？」などとは問わない。感情・感覚形容詞の主語は話し手である、という断固たるルールがあるからなのです。

逆に言えば、二人称や三人称の感情・感覚には、これらの形容詞をそのままの形では使うことができません。さらにもうひとひねり逆に言えば、「そのままの形ではない形」で使われていれば、それは話し手以外の感情・感覚だ、と判断できます。

「うれしいです」、「口惜しいぜ」、「眠いよぅ」、「痛っ」は話し手自身の感情・感覚と

私といっしょで
あなたはうれしいです。
ハイ
うれしいです…

しか理解されませんが、「うれしそうだね」、「口惜しがってましたよ」、「眠いようだな」、「痛いみたい」などと言ったら、主語は話し手以外です。「そうだ」、「みたいだ」、「ようだ」、「がる」といった、感情や感覚を外部から忖度《そんたく》する形式が使われているからです。

ですから、「あなたは眠い」などと断定的な言い方をすると、まるで催眠術でもかけようとしているかのような妙な具合になってしまいます。

そのほかに、受身や使役などの表現も、主語の省略をささえるシステムにひと役買っています。恩恵のやりとりを表す「くれる／あげる／もらう」などの役割も大きい。これらはウチとソトという視点にからむ表現なので、当該の動作主が話し手寄りの人物かどうかの判定に寄与するからです。このうちの「やりもらい表現」については、13章で述べます。

さて、じつはこの原稿を書いているのは夏でして、夏で主語の省略というと、どうしても思い出すのが、これ。

「安らかに眠って下さい　過ちは　繰返しませぬから」

広島の原爆死没者慰霊碑に刻まれた碑文です。「過ち」を犯したのは誰なのか、そしてそれを繰り返さぬと誓うべきは誰なのか、という議論が毎夏、繰り返されているように思います。ここでは純粋にことばの問題として考えてみましょう。

まず「〜してください」というのは聞き手に行為の遂行を要請する文型であるから、動作主は当然「聞き手（＝あなた）」である。この文が原爆死没者慰霊碑のおもてに刻まれている以上、これが原爆で亡くなった人々を指していることは明白です。

問題は次ですが、「繰り返しませぬ」というのは意志の表明です。その主語が省略されている場合、そして前後の文脈にそれらしい言及がない場合、その第一候補は、「話し手（＝私）」です。この場合の「話し手」とは、この碑文を（声に出して）読む人ということになるでしょう。次の例と同じです。

「先に行っててください。後から行きますから」

「そんなに怒らないでください。二度としませんから」

アナタ先行く、ワタシ後から行く。アナタ怒らない、ワタシ二度としない。その上で「ワタシ」が誰を指すのかというのは、言語外の問題です。

この碑文の英訳は、Let all the souls here rest in peace ; For we shall not repeat the evil. ですが、この we が誰を指すかも、言語外の問題です。これがあいまいだと

いうなら、それは日本語だけの問題ではないということです。
話し手、すなわちこの碑文を読む人すべてが主語である。それだけです。

◎コラム　「敬語の便利な使いみち」

この本は、とにかく「日本語は難しくない」、「なかなか合理的でよくできた言語である」ということを主張しておるわけですが、あいも変わらず、いやあ、日本語って難しいよね、という発言を方々で聞かされます。ニホンゴワムズカシートイータガル症候群。日本語ネイティブの罹患者は多く、なかなか手ごわい病気です。

ことにもよく言われるのは、「だって、ほら、敬語とかあるし!」です。

たしかに、ベタベタギトギトした敬語は百害あって一利なし。ことにも、災害時の避難所などのアナウンスや掲示では、何よりもわかりやすさが優先されるべきです。これに関しては、一九九五年の阪神・淡路大震災時の混乱を教訓に、「やさしい日本語」という名の、やさしい革命が進行中です。どの町にもさまざまな国々からの移住者や旅行者がいる時代、緊急時の情報発信には、(あやふやな英語や外国語でよけいな誤解を招くよりも)シンプルかつ明快な日本語表現で対応しようという運動です。

「やさしい日本語」は、外国人にやさしいだけではありません。日本語話者の中にも、難聴の方や言語障害をもつ方はいます。そうでなくとも、避難所のようなざわついた空間では、聞き間違いの少ない単語を選び、文は短くしたほうがいい。「毛布等防寒具が御入用の方におかれましては受付までお申し出ください」ではなく、「毛布などがほしい人は、受付に来てください」という簡潔さが大切なのです。これは何も緊急時に限ったことではありませんね。こうした「やさしい日本語」という考え方が普及して、駅などの公共空間の放送や、お役所窓口などのことばづかいの見直しが進んでいくといいなと思います。

それはそれとして、しかし、敬語が威力を発揮する場面はけっこうあります。じつはわたくし、ひとさまの名前を覚えるのが、たいへんに苦手です。なさけないことに、学生の名前も、自信をもって全員の名前を呼べるのは、そろそろ学期が終わろうかというころです。

だから、一度にたくさんの初対面の人と会話を交わさなくてはならないような、立食パーティーのたぐいは、苦痛でなりません。いただいたばかりの名刺を拡大コピーして（何しろ老眼が、ね）、先様のおでこにぺったり貼っておきたいくらいです。

そんな場面で威力を発揮するのが、敬語なのです。とくに尊敬語。「おしごとは具体的にどんなことをなさってるんですか」とか、「へえ、チリにいらしたことがあるんですか！」とか、「ぜひ今度うちのクラスにもおいでください」とか。「なさってる」、「いらした」、「おいで（になる）」という尊敬語の動詞を使っておけば、明らかに、その主語は、話し手以外の人物です。そして、そのあとに疑問や誘いかけなどの文が続いていれば、たいがい主語は聞き手（＝発話の相手）であると思ってもらえます。

かように機能的なツールがあれば、ついさっき聞いたばかりの相手の名前が思い出せなくても、大丈夫。ちゃんと会話が成立します。「誰が？」などと聞き返される心配は、まずありません。なんと便利なのでしょう！

さらに高度な技としては、「何なさってるの？」という表現方法があります。対談の名手、黒柳徹子さんがよくお使いの方法です。何が違うのか、くらべてみましょう。

（1）「何なさってるの？」

（2）「何なさってるんですか」

小難しくいうと、（1）は素材敬語を使いつつ、対者敬語は使わない言い方。

（2）は、素材敬語も対者敬語も使う言い方です。つまり徹子さん風の（1）は、話題の素材であるところの人物（＝行為者）としてのアナタは尊敬しつつ、対者、すなわち話し相手としての目の前のアナタには丁寧語の「です」を使わないことによって、尊敬の気持ちと親しみを、同時に演出しているのです。敬意を示しながらも「敬して遠ざける」冷たさを回避する、高等テクニックです。

ですから、賢く使えば、やっぱり敬語はとても有用なものです。むやみに難しがらず、かといって必要以上にふりまわさず、じょうずに使いこなしていきたいですね。

9 みなまで言うな。

——しっぽがなくてもわかる理由《ワケ》

鯛焼きが好きです。ものすごく好きというわけではありませんが、ときどき無性に食べたくなることがあります。頭から行く派です。頭をガブリ、と行く。はらり、かりとした薄手の皮から、熱々のあんこがだふっとあふれる。

ああ、しあわせ。

でもものすごく好きというわけではないので、しっぽに達するころには正直飽きてくる。だから「しっぽまであんこがぎっしり」というのはちょっと苦手。むしろ香ばしい皮だけでフィニッシュを決め、玄米茶でふうっと息をつくのが理想です。

さて。

前章は、主語がなくてもだいじょうぶ、というお話でした。頭がなくてもわかる、わかるから省略する、というお話でした。鯛焼きの頭にあんこが入っていなかったらその店は早晩つぶれるでしょうが、日本語の場合は頭が空っぽでもＯＫなのでした。

では、しっぽはどうか。

はい。日本語には省略が多い、という印象はあながち思い込みではありません。しっぽの省略も、多い。いわゆる「言いさし」です。

ですが、これまた、だから日本語はあいまいで、ということには必ずしもならない。しっぽの省略をささえるシステムも、じつはちゃんと備えている。なかなか有能な、われらが日本語なのです。

しっぽの手抜きに活躍するのは、副詞です。

副詞というのは、連用修飾を専門としています。用言、すなわち動詞とか形容詞を修飾するのがお仕事。動詞とか形容詞は文の述語になることが多い語ですから、ちょっと乱暴に言ってしまえば、副詞とは、述語、つまり文のしっぽを修飾することが多い語です。

そして、その副詞は、大きく三つのグループに分けられます。程度副詞、様態副詞、陳述副詞です。

まず程度副詞というのは、何がどうだ、とか、アレがアレをコウした、とかいう文において、どのぐらいどうなのか、どの程度コウしたのか、を明確にする副詞です。たとえば、「きのう釣り落とした魚は大きかった」なんて言うとき、どのぐらい大きかったのかを説明するのに用います。「そこそこ」、「なかなか」、「けっこう」、「かなり」、「じつに」、「とても」、「ものすご〜く」大きかった、というふうです。頻度についても「たまに」、「ときどき」、「よく」、「しょっちゅう」、「いつも」飲んでる、というように、段階を追って言うことができる。うちの猫とよそんちの猫を比較する際にも、「やや」、「もっと」、「ずっと」、「うんと」うちのほうのがかわいい！ と力説できます。

二つめの様態副詞というのは、何がどのようにどうなのか、アレがどのようにコウしたのか、を表現します。

これはほんとうにたくさんあります。中でも日本語には擬音語・擬態語と呼ばれる一大勢力があって、日々大活躍をしています（これについては21章でもふれます）。たとえばよその猫をほめなければならないような局面で（内心どんなにうちの猫のほうがかわいいと思っていても）、ほめことばに困ることはないでしょう。あら〜、「ほっそり」、「まるまる」、「ふっくら」、「ふわふわ」、「ころころ」、「おっとり」しててかわいいですねえ、それにくらべてうちのは「でっぷり」、「ぼさぼさ」、「のたのた」、「がつがつ」してましてねえ、という具合。

で、三つめの陳述副詞というのが、本章の本命、文のしっぽがなくても、「言いさし」になっていても、これさえあれば文末が予想できるという優れものです。

この「陳述」というネーミングがなんだかわかりにくさを醸し出しておりますが、陳述副詞とは、「文末を予告する副詞」です。これが使われていれば、たとえ言いさしの尻切れとんぼでも、聞くほうは相手の言いたいことが、ははん、とわかってしまうのです。

たとえば「ちっとも」。これも陳述副詞なのですが、「ちっとも」を使って例文を作ってみてください。「カミさんがちっとも小遣いを上げてくれません」、「私はちっとも悪くない。悪いのは秘書だ」、「あんな猫ちっともかわいくないのに、どこがいいのかしら」、というように、必ずしっぽのほうに、「ない」とか「ません」が出てきてしまうはずです。

「ちっとも」は、「否定を呼ぶ副詞」なのです。

否定を呼ぶ副詞はけっこうあります。たんに否定につながるだけではなく、そこに多彩な陰影も加わります。「決して」や「まったく」といった、「ちっとも」同様きっぱり全面的に否定するものもあれば、「あまり」、「それほど」のようにやわらかく否定するタイプもある。「べつに（ほしくねーよ）」のような斜に構えた否定もあれば、「ろくに（知りもしないで）」のような否定的ニュアンスを含んだ否定もある。「一概に」、「必ずしも」のようなのは、「そうとは限らない」、「そうは言えない」のように留保つきの否定に続きます。「まさか」のように、何らかの前提や予期があった上でそれに反する否定につながる、といった複雑な働きをするものもある。

陳述副詞が予告するのは否定だけではありません。「いったい」、「どうして」、「なぜ」、「はたして」などは、疑問へとつながりますし、「もし」、「万一」、「仮に」などはいわゆるタラレバ、仮定へと続きます。「たとえ」もその仲間で、逆接の仮定「〜しても」に続く。「まるで」、「さも」、「いかにも」だったら、後ろには必ず「ようだ」、「そうだ」、「みたいだ」の類が来る。「ぜひ」、「どうか」、「どうぞ」だったら、「〜してください」、「〜しませんか?」と相手にお願いしたり誘いかけたり、あるいは自分の願望「〜したい」の表明へとつながる。「ついに」、「とうとう」、「やっと」、「ようやく」だったら、後ろは必ず「～した」などの完了の意を含む表現になる。

リストはまだまだ続きます。

いかがです？　働き者でしょう？

こんなのがあるから、文末できっちりしっかり言わなくてもすむのです。「言いさし」でも言いたいことがわかっちゃうのです。

言いたいことはしっかり伝えたうえで、なお言いさすというのは、これはオトナのやさしさというか配慮というか、なかなかの高等技術ではありませんか。「あーっ、買ってきた鯛焼きがない！」などとにらまれたときにも、便利です。

「え、私？　まさか」

「何、その言い方。それじゃまるで私が」

「その目はいったい……」

もし
よかったら…
残念ながら…

◎コラム　「宿題は猫が……」

最近の留学生は、インターネット上のさまざまな媒体を通して、生の日本語に触れていることが多い。一度だけですが、アニメの視聴だけで完全に独学で日本語をマスターしたという、オーストラリアからの留学生に会ったことがあります。完璧、でした。発音も文法も。そこまでの人は例外中の例外かもしれませんが、その気になれば、マンガや映像などの視覚情報によって、発話の状況や人間関係などもまるごと把握・習得できる学習の手段が、以前よりはずっと身近にあるということでしょう。

で、そんな彼らは、日本人っぽい日本語、こなれた日本語を話したい、という意欲が強い。本章の「言いさし」も、その一つです。ちゃんとその現象に気がついていて、自分でも使ってみたいと思っているのです。そこで、授業にもひと工夫。たとえば上司に飲みに誘われたけれど行きたくないという設定で、仮定表現の「〜ば」を使って上手に断るべし、というミッションを課します。そして、「仕事が終わらないので行けません」のようにきっぱり断るのは日本人っぽくないからダメ、という条件をつけます。すると、「この仕事がなければご一緒したいんですが、……」などと上手にやってくれます。それでも許さないで、「じゃあ、手伝うよ」などと上司役が追いつめると、「ええと、ごちそうしてくだされば、……」などと返してきます。

「～ものですから」という文型を習ったときは、それを使って宿題を忘れたことの言い訳をしろ、というミッション。すると、「ちゃんとやったんですけど、猫が破ってしまったもんですから……」などと言ってくる。「犬が宿題を食べちゃった」というのは英語圏の言い訳の定番のようですが、ちゃんと犬を猫に差し替えてくるあたり、芸が細かい。清水センセイには猫を出しとけ、というのが周知されているんですね。

聞いているクラスメートも、そのミッション達成！と思ったら、「～ば」や「～ものですから」の後ろに、声を合わせて「てんてんてん」と続けます。ちょっとしたジャズセッションみたいで、楽しいひとときです。

10　米洗ふ前を螢の二ツ三ツ
――ホタルの生死を分けるもの

この俳句、今を去ることン十年前の、中学校の国語の教科書に出ていました。小・中・高校を通して、日本語の、現代日本語の、文法を正面きって習った覚えが私にはないのですが、これだけは「文法」の授業だったと言えるように記憶しています。「前に」だと、ホタルが死んでいる、「前へ」だと生きてはいるけど一度通り過ぎたらそれっきりだ、「前を」だと行ったり来たりふわふわ飛んでる感じがするから、「前を」がよいのだ、というような展開で俳句を改稿していくお話だったと思います。

今の教科書にもあるのかしらん。

でも今だったら、そもそもどこで米を洗っていたか、から説明する必要があるかもしれませんね。まさかしゃれた対面式キッチンのシンクにホタルがうろちょろしているわけはないでしょうから（してたら殺虫剤ぶっかけられそう）、これは屋外です。屋外で米をとぐといってもキャンプなどの非日常の場ではなく、日々の台所仕事が営まれる場所でのこと。日常生活の場でありながら、飲用に堪えるほどの清らな水が走る用水です。藤沢周平原作の時代映画に出てきそうなシーンでなければならない。

季節は夏の初め。夏至ごろの永い日もとうに暮れて外は暗い。晩の支度が遅くなってしまった。薄闇の中にシャグシャグと米をとぐ音、水を汲む音。家の中からもれるかすかな明かりに清冽な水が暗く光る。米のとぎ汁が白く天の川のように流れる。また水が光る。ホタル？　ついっと光が飛ぶ。あ、やっぱりホタルだ。

ああ、でもさらにその前に、「米って洗うの？」と聞く子どもがいるかもしれない。そうですよ、洗うんですよ。ざっかざっかとね。いや、洗剤は入れなくていいから！はいはい、無洗米なら洗わなくていいです。

よかった、中学の先生じゃなくて。

まあその辺を無事にクリアできたものとして、授業の本題に戻ります。

「前に」だとなぜホタルが死んでしまうのか。ここは体言止めになっていて動詞がありませんが、補うとすれば、「前に」→「いる」、「前へ」→「来る」、「前を」→「飛ぶ」になると、予想されるからです。

死んでるとは限らないけれど、たしかに「いる」だと動きは、ない。ただじっとしている。推敲者はそれがつまらんと言いたいのでしょう。

8章で日本語は述語中心（しっぽ命！）の言語であると申しましたが、文というのは述語とそれを補う補語からなります（主語も補語の一つと考えてかまいません。主格補語です）。そしてある述語がとる補語は一定の範囲のものに決まっているので、補語からしっぽを予測したり、逆に、しっぽさえあれば、たとえ補語が省略されていても、さかのぼって推測できたりするようになっている。

たとえば「いる」という動詞をしっぽに使うとすれば、「何／誰が」と「どこに」という二つの補語が求められます。「行く」とか「来る」だったら、「何／誰が」と「どこへ」、「食べる」だったら、「何／誰が」と「何を」が必須です。「いつ」、「誰と」、「何で」、「どんなふうに」なんていう補語も考えられますが、必須ではありません。必須の補語でない場合は、たとえばいきなり「誰と」と言われても、さすがにしっぽの予測は難しい。

このホタルの句の補語「米洗う前○」の場合、○に入る格助詞にはもう一つぐらい可能性があるのですが、私の記憶が確かなら、授業では検討されませんでした。「前で」です。この「〈場所〉で」を補語とする動詞は「〜に」や「〜を」の場合より格段にたくさんあります。「米洗う前で」だったら、ホタル君たちはほとんど何をやってもよい。

米を洗う前でホタルが二、三匹、歌う、踊る、いちゃつく、けんかする、宴会をする、結婚式を挙げる、……。かように多すぎると、句を鑑賞する側はかえって作者の言いたいことがわからなくなる。だからまあ教科書では検討しなかったのでしょうが、子どもたちに想像させたらおもしろい授業になっていたかもしれませんね。

とにかく「〈場所〉で」という補語は、後ろにアクションを求めます。だから動作を表す動詞なら、（主語がホタルである以上いささかファンタジーの色合いを帯びるにしても）、何でもよい。それに対して「〈場所〉へ」に続くしっぽはかなり限られます。「行く」、「来る」、「帰る」ぐらいなのです。あるいは「飛んでくる」、「走っていく」のようなのも可能ですが、とにかくA地点からB地点への一方向の移動に限られる。

米を洗っている前へホタルが二、三匹（飛んで）くる。闇の中からふわりと現れて米とぐ手元にやってくる、というのも悪くはないと思うのですが、でもたしかに視線が闇をさまようような動きは感じられません。ホタル、飛んできてその後どうしたかな、なんて思ってしまいます。

教科書の中で句の推敲者がいちばんいいとした「〈場所〉を」にも、移動を表す動詞が続きます。ただ、同じ移動といっても「行く、来る、帰る」といった一本の矢印のような動きではなく、もう少し色のついた移動です。「飛ぶ、泳ぐ、うろつく、渡る、越える、曲がる」といったもので、「どこからどこへ」が主眼ではなく、「どのような動き方で」という描写が主眼の動詞たちです。

主語がホタルですから、この中でしっぽになる最有力候補は「飛ぶ」ということになるでしょう。そうすると、鑑賞する人は、ホタルの飛び方を脳内に描くことになる。写真などで見たことのある、あの薄く緑を帯びた、不規則な光跡を思い浮かべる。行ったり来たり、反転したり、ねじれたり。

たしかに俄然、句に動きが出ます。耳には米をとぐ音、目にはホタルの動き。二つが美しくシンクロしたり、次の瞬間ふいに乱れたり、というようなことさえ想像できます。

そんなふうに見てくると、たしかに「前を」がベストなのかもしれません。でも「前へ（やってきた！）」も、ぱあっとうれしくなる気持ちが表現されているようでいいと思うし、「前に（じっとしている。そして静かに点滅している）」も、夕餉の支度に心せく中で、ふっとあたりが静まるような感覚があって悪くないと思うし、私などはどれもそれなりに楽しいな、と、グズグズ決めかねてしまいます。

だからこの句をどうこう批評する力などはないのですが、でもそれにしても「に」や「へ」や「を」、そして「で」といった、こんなちっぽけな格助詞たちが、ホタルを止めたり飛ばしたり遊ばせたり、こんなにも多様な解釈可能性をもたらしてくれる、そのことはとても楽しい！と思います。

米洗ふ前を螢で二ツ三ツ

◎コラム　「手話の表現力」

数年前から手話の勉強をしております。手話は言語である、ということを知って、興味を持ちました。どこで勉強できるのか調べてみると、たいていの市区町村が、手話講習会というものを開講しているのですね。しかも、タダで。わが町にもありましたので、勇んで申し込みました。

そうしたら、これが、まあ、おもしろい！

ひさしぶりに教壇の反対側に身を置くのは、とても新鮮でしたが、それ以上に、言語というものを考えるうえで、手話との出会いは鮮烈な体験になりました。

手話は言語である、ということは、独自の語彙体系と文法を持っている、ということです。日本語を補うための、単なる手ぶり、身ぶりではない、ということです。つまり、手話の勉強を始めるのは、あらたな「外国語」を学び始めるということなのでした。

さらに、英語や中国語やポルトガル語といったフツーの外国語との決定的な違いは、音声を使わない、という点です。手話は耳が聞こえない人たちの言語なのですから、それは当たり前のことなのですが、でも、あらためて意識してみると、その違いはものすごく大きなものでした。音声を使わない代わりに何を使うかといえば、空間です。手話とは、三次元空間を自在にあやつることのできる言語なのです。

そんな手話の特性の一つに、「写像性」があります。見たままに表現する。見えるように表出する性質です。たとえば「飛ぶ」にあたる表現の場合、日本語に限らず、音声言語だったら、何が飛ぶかという主語が必要です。でも手話では、手指で主語の「形」を作って、それを動かします。飛行機、ツバメ、ちょうちょ、それぞれにかたどった手指をそれぞれの飛び方に似せて動かすだけです。飛行機だったら、ギュイーンと、ツバメだったらスイスイと、ちょうちょだったら、フワフワと、動かせばいい。

しかも、動かす向きによって、「飛んできた」のか、「飛んでいく」のかも、表現できます。つまり主語と動詞とその動き方と方向とをいっぺんに表現できる。この「同時性」も、手話の大きな特徴の一つです。ちょうに見立てた手を体から離しながら少し目を細めてあごを上げれば、「ずっと向こうのほうに飛んでいっちゃった」ということまで表現できます。

何が、どこからどこへ、どんなふうに飛ぶのかを、格助詞や副詞なしで、表現できてしまう。世の中にはじつにいろいろな言語があるものだ、と思いますが、ここにまた一つ、あらたな言語の可能性を見つけ、日本語と手話の間を、ワクワクしながら行き来しているこのごろです。

11　私はこれでやめました。
――意志の力で変わる意味

以前、おもしろいテレビコマーシャルがありました。

スーツ姿のおじさんが一人ずつ順番に三人、登場する。初めの二人は手に小さなパイプみたいなものを持っていて、「私はこれでタバコをやめました」と報告する。パイプのように見えたのは、禁煙グッズなのであった。そして、三番めに出てきたおじさんが憮然とした顔で言う。「私はコレで会社をやめました」。――おじさんの手、小指が立っている。どうやら女性問題があったらしいのですね。

はい、このコマーシャル見たことある方？

いやあ驚きました。いささか古い話だとの認識はありましたが、あらためて調べてみましたら、この商品の発売とＣＭ放送開始は、なんと一九八四年。四半世紀以上も前じゃありませんか。往時茫々。年がバレます。

で、話はどこに向かうのかと言いますと、この「で」です。「これでやめました」の「で」です。品詞でいえば、格助詞というもの。格助詞の仕事は、名詞の後ろにくっついて補語を作り、文の下のほうに現れる動詞や形容詞などの述語（＝しっぽ）と、その名詞との関係を表示することです。

今の場合なら、「やめる」に対する「これ」（三人めのおじさんの場合は「コレ」と書くべし）の関係を示しています。どんな関係かというと、最初の二人の場合はタバコをやめるための〈手段〉とか〈道具〉とかいうことになりましょう。三人めのおじさまについては、大いに違っていて、彼の「コレ」は、彼を辞職に追い込んだ〈原因〉ということになる。

「これ＋で＋やめる」という同じ材料を使っているのに、「で」の働きが大いに違う。違いのモトは何なのでしょう。

もちろんふつうの単語に多義語があるごとく、ちっぽけな格助詞にだって多義はあります。「で」は〈手段・道具〉を示すほかに、〈原因〉を示すこともあるのさ、と言っても事はすみます。実際、「で」にはこのほかにもいろんな意味があります。「麦と水とホップでビールをつくる」なら〈材料〉だし、「庭でビールを飲む」なら〈場所〉です。だから〈手段・道具〉と〈原因〉も、それらの多義のうちの二つですよ、と言ってしまってもいいのだけれども、だけれども、知りたくないですか？　違いを生むモト。

答えを先に言ってしまえば、それは意志の力です。「やめる」に意志があれば、「〜で」は〈手段〉や〈道具〉を表し、意志がなければ〈原因〉を表すことになるのです。

初めの二人のおじさんは、タバコをやめようと思ってその商品を用い、固い意志を持って禁煙に挑戦した。三人めのおじさんは、まさかそんな重大な結果になるなんて、わかってたらボクそんなことしなかったのに、なのに、つい、その、魔が差してしまったのですね。会社を辞める気なんてなかった、ヤめる意志なんて、これっぽっちもなかったのです。お気の毒さま。

おじさんたちの例では、「やめる」という同じ動詞が使われているのでちょっとわかりにくかったかもしれませんが、後続の動詞に意志性があるかないかで、「で」の意味は分かれます。動詞を変えて、例を挙げてみます。

強い日差しで目玉焼きを作ってみよう！〈作る＝意志動詞→日差しは〈手段〉〉

強い日差しで真っ赤に日焼けしちゃった。〈日焼けする＝無意志動詞→日差しは〈原因〉〉

ただし、「意志動詞／無意志動詞」という言い方はじつはちょっと不正確です。動詞ごとに一定の傾向はあるにせよ、ある動詞が必ずどちらかに分類されるというものではないからです。冒頭のコマーシャルの例の「やめる」がそもそもそうであったように、一つの動詞がどっちにも転びます。ですからその述語に意志性があるかどうか、というような、一段階抽象度の上がった概念だと思ってください。

この意志性という概念はけっこう使いでがありまして、「で」のほかにもいろいろな文型で多義を生じさせるモトになっています。

試験に合格するために私はすべてを捨てた。〈目的〉

一発で合格したために彼女はすっかり慢心してしまった。〈原因〉

「ため」の場合は、その前に来る述語の意志性が、文の意味を左右します。「合格する」は意志性のある述語として使われることの多い動詞ですが、「合格した」になるとその意志性は失われ、「ため」の意味が〈目的〉から〈原因〉へと変わります。過

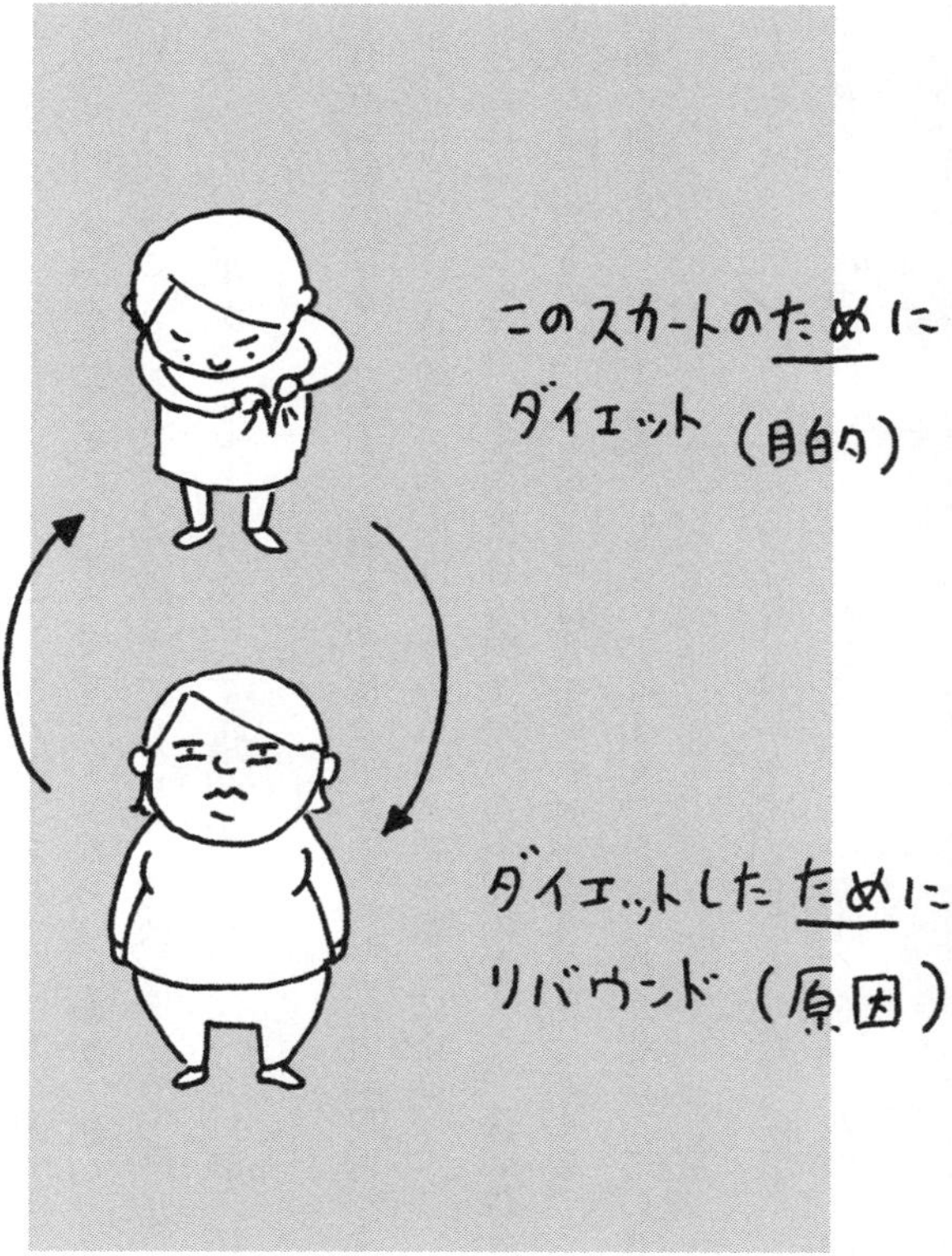
このスカートのために
ダイエット（目的）
ダイエットしたために
リバウンド（原因）

去になった（＝事態が確定した）とたん、どんな意志動詞も意志性を失います。

それから形容詞のような、性質や状態を表すのが主たる任務である述語にも、意志性はありません。状態を表す名詞もそうです。ですから、「（頭が）悪いために」、「（猫が）大事なために」、「生活苦のために」などと来れば、後ろはやはりそれらが〈原因〉で何らかの結果が生じるという文になる場合がほとんどで、〈目的〉になることはないでしょう。

でもこれが「君のために」だと、「君があんなことをしたせいで」〈原因〉なのか、「君によかれと思って」〈目的〉なのかは半々の確率という感じになる。〈原因〉と〈目的〉という、まるで反対方向を向いた矢印のような、長い線分の遠い両端にあったはずのものが、ふと気づけば背中あわせのように見えてくる。

次の四組の例でも、似たような、ちょっとくすぐったい転換が起こっています。

酒が入ると、ふだんは言いにくいことも言いやすくなるものだ。〈難易〉

飲みすぎると、言ってはいけないことまでつい言いやすくなるものだ。〈傾向〉

このカネは崇高な目的のために使うつもりだ。〈意志〉
使っちゃったつもりで、そのカネ、ボクにくれないか。〈想定〉
台詞の練習をしながら歩いていて電柱にぶつかった。〈二つの動作の同時進行〉
あんなに練習していながら、いざとなると頭の中が真っ白になった。〈逆接〉
大きくなったら大金持ちと結婚して離婚して大金持ちになろう。〈意志〉
あの子はいずれ大物になろう。〈予測〉

なんだかおでん鍋の中でつかまえそこねたコンニャクが（ゆで玉子でもいいですけど）ぎゅるっと反転するようなこういう感じ、私はわりと好きです。

◎コラム　「わざと間違える技術」

母語話者と学習者との溝は、じつはそれほど深くないのでしょう。文才と呼ぶしかない才能は、たしかに存在すると思います。やっと初級の日本語を終えたばかりなのに、ごく簡単な単語だけで、失礼ながら母語話者よりずっと説得力のある、ずっと楽しい文章を紡ぐことのできる学習者が、います。また、語学の才能というものは、やはり努力とはべつのところにあるもののようで、ときに目を見張るような流暢な日本語をあやつる学生に出くわします。そういう一種の天才たちに会うと、語学教師なんていう商売は要らないんじゃないかとすら思います。

しかしそうはいってもなかなか越えられない違いはあるのであって、母語話者には、学習者にはない強みがあります。それは「わざと間違えることができる」ということです。わざと文法違反を犯したり、つづりを間違えてみせたり、生まれついてから獲得した母語であるゆえに、自在にそれを「いじる」権利がある。そしてそれを聞く（読む）ほうも、ああ、あれは知っててやっているんだな、と承知の上で、笑ったりなんかできる。

2章で取り上げた「きれえなおねいさんわ好きですか?」などというのも、そうです。小生意気なアニメの主人公のセリフとして読めば、わざとだと了解できるけれど、もしこれが留学生の書いた日本語だったなら、直すべきかどうか、激しく悩むことになるでしょう。21章の「星がギラギラ」も同様です。

本章で取り上げた意志性についても、ネイティブには、わざと間違える楽しみがあります。

うわ、また、うっかり太っちゃったよ。

「うっかり」は、注意すべきところを不注意で、という意味を添える副詞ですから、意志動詞に使うのが本来の用法です。「太る」などという無意志動詞といっしょに使うべきではなく、「うっかり食べ過ぎた」のように使うのがタダシイ。でも、はけると思っていたスカートのファスナーがしまらない!なんていうとき、「うっかり太っちゃった」は、じゅうぶん許容されると思います。

なーんで、今日に限ってわざわざ晴れるかな。

これも、本来ならマチガイです。「わざわざ」は意志動詞に添えるべきであって、「晴れる」のような自然現象に使うのは変です。でも、たとえば連日雨が続いていて、もし今日も雨だったら、大嫌いな運動会はお流れになるはずだったのに、急に今日だけ晴れちゃった、なんていう残念な気持ちを表現したいとき、母語話者だったら、これくらいの「くずし」はやってのけるでしょう。

じつは本書単行本を出したあと、ある知り合いから、8章の「先生言ってたぢゃない」は、「言ってたじゃない」の誤植だね、と指摘を受けました。私としては、口をとんがらせて先生に恨みごとを言う口調を模したつもりの、あえての、現代仮名遣い違反でした。極めて優秀な校閲者と編集者に恵まれた本書、誤植は一つもありませんでした。その点から見ても、これは「うっかり」なんかじゃないと察していただけるものと思っていたのですが、そうは取ってもらえなかった。ショックでした。

ショックでしたが、以来、学習者の「間違い」を直すとき、いっそう慎重になりました。学習者だって、わざと間違える権利はありますもんね。

12　ウチ向きな日本の私
――ここはそれ、あれですから。

　満席の電車内、座りたいなあと思いながら立っていると、目の前の席が空いた。ほっとした次の瞬間、その席の隣に座っていた人がさっと身をずらし、それまで自分が座っていた席をぽんぽん叩いて言う。「○○さん、席空いたわよ」。するとあたりに立っていた数名の女性たち、「あら私はいいわよ。△△さん、座らせてもらいなさいよ」とかしましくも美しく、譲りあう。

　いや、そこ、本来私が座るはずだった席なんですけど！

　誰も「だめよ、横からズレるのは反則じゃない？」なんてことは言ってくれない。「ほら、おっかない顔でにらんでるわよ」なんて気づいてくれもしない。

　オバサン族特有の現象ではありませんね。若手サラリーマンだって、すぐ近くに疲れた顔のお年寄りが立っていても、まずは自分の上司を座らせようとする。身内にはやさしいけれど、外の人には冷たい。というか、外の人なんかハナから眼中にないらしい。

ああ、ウチ向きな日本人よ。

いえ、私は海外生活の経験があまりないので、これが日本人特有のふるまいなのかどうかの判断はできません。でもとにかく日本人がウチとソトを使い分けていることは確かなようです。だからって調子に乗って、日本語にも同じ現象がありましてね、などと結びつけるのも乱暴な話ですが、日本語の中に、ウチソトをキーワードにするとわかりやすい現象があることは事実なので、いくつかご紹介しましょう。

言語における究極の「ウチ」は、話し手本人です。僕や私ですね。もうちょっと範囲を広げれば、話し手の身内（家族とか職場の同僚とか）もその縄張りに入ります。ソトは話し手以外です。会話をしているときなら会話の相手（＝聞き手）になるし、その二人の外の世界が話題になるときなら、聞き手はウチに入り、話し手でも聞き手でもない第三者がソトということになります。

では具体的に見ていきましょう。

コソアドと便利に呼ばれる一群の語があります。これそれあれどれ、ここそこあそこどこ、このそのあのどの、こちらそちらあちらどちら、こういうそういうああいうどういう、こんなそんなあんなどんな、こっちそっちあっちどっち、など、文法用語では「指示詞」と呼ばれる語群です。これも一覧表にしてみると、五十音表に負けず劣らず、じつに規則正しく美しい。

今はドについてはおいといて、コソアのウチソトによる使い分けを見ることにします。

「これ何だろう」「ふむ。こいつぁもしかして恐竜の卵じゃないか？」

「これなあに？　この口紅みたいの」「あっ、そっ、それは、ええと、何でしょうね」

初めの例では、二人が額を寄せ合ってある物体をのぞきこんでいる場面が浮かびます。「これ」、「こいつ」で指示された物体は話し手・聞き手双方共有の縄張り内にあります。対して第二例では、怪しいシミのついたワイシャツを手に持った奥さんが「これ、この」を使い、その物証を握られたシャツの持ち主は同じシミを指して「それ」を使っています。

つまり、話し手の縄張りのウチにあるものにはコ系統の指示詞を使い、聞き手の縄張りにあるものにはソ系統を使うのが約束です。話し手と聞き手が一つの縄張りを共有している第一例のような場合は、両者ともにコ系を使うわけです。

ただし、この縄張りというのは、物理的な空間とは別のものです。たとえば次のような場合。

「この歯はどうです？ 痛みます？」「あがっ！ 先生、そこめっちゃ痛い！」

「もちょっと右って、ここらへん？」「クーッ、そこそこそこ。もっと強くかいて」

歯医者さんでいじられてるのは自分の歯なのですが、目下のところその歯は歯医者の支配下にある。だから医者は患者の歯を突っつきまわしながらわが物顔で「この歯」と言い、患者は自分の歯なのに「そこ」と呼ばざるをえないのです。同様に、背中をかいてもらっているような場面では、自分の背中であっても聞き手にゆだねている間は、ソ系で指す。美容院で頭を洗ってもらっているときや、マッサージしてもらっているとき、看護師さんに血を抜かれているときも同じです。「私の腕、そこは血管出にくいんですよね」と。

じゃあア系統はどんなときに使うのか。よく留学生の作る文に次のようなのがあります。

「私の大切な友だちはリズさんです。あの人はとても親切でおもしろい人です」

とか、

「私はマレーシアから来ました。あそこは日本より暑いですが、いい国です」

とかいうもの。変ですよね。ごめん、私、リズさんて人知らないし、なんて思ってしまう。

「あの」とか「あそこ」のようなア系統の指示詞は、聞き手と話し手が縄張りを共有していて、かつそのソトにあるものを指すときにしか使えないからです。自分の親友について紹介しようとするとき、その親友は話し手の縄張り内にしかいなくて聞き手にとっては未知の（ということになっている）人物ですから、「あの人」とは言えない。マレーシアについては昨今ロングステイをする高齢者も増えているそうで日本人にも人気の国ですが、既知か未知かということとは別に、言語上の縄張りではこの場合自己紹介をしようとしている話し手側に属しているので、やはり「あそこ」とは言えません。

一緒に旅行した人と思い出話をする中で、「去年マレーシア行ったじゃん。あそこで食べたドリアン、おいしかったよねえ」だったらOKです。もちろん行ったことがなくても、あるいは行くのは聞き手だけだとしても、視点を共有してさえいればいいので、「あっちに着いたらまず電話してね」も問題なしです。

「ばあさん、わしのアレ、どこやったかな」「アレならもうアレしちゃいましたよ」「なんじゃと！」なんていう会話が成立するのも、老夫婦の長年にわたる縄張り共有化の努力あってこそ、というわけです。

こんなふうに、話し手の縄張りをコ系統、聞き手の縄張りをソ系統、話し手と聞き手の共通の視点から見たソトの縄張りをア系統で指す、という三項対立の指示詞を持つ日本語は、世界の言語では珍しいほうかもしれません。たいていは近称・遠称という二項対立が多いのです。だから多くの外国人学習者にとって、このコソアは初級の終わりと初めのほうで乗り越えなければならないちょっとした壁になっています。クラスでは、ソ系統は「アナタの」というような意識で使えばいいですよ、と便宜上の入れ知恵をしたりします。

でも、話をややこしくしてすみませんが、「ソ＝アナタの」という説明から外れる、物理的な空間意識に近いソ系統の使い方も、じつはあります。

アレ どこ?
そこ!

「あ、運転手さん、そこの角で止めてください」
なんていう場合です。話し手と聞き手が縄張りを共有して（同じタクシーの車内にいて）、そこからちょっと離れた交差点を指して「そこの角」と言っているわけです。先のワイシャツ事件のソ系統とは明らかに使い方が違っていますね。「お出かけ？」「ええ、ちょっとそこまで」のような昭和っぽいあいさつも、この一例です。

　さて、座りそこねた電車の座席。くだんの席は私の目の前にありながら、すでに敵に征圧されかかっている。勇気を出して抗議したいところではあるけれども、「そこ、私が座りたかったんですけど」と言った時点で私の負けはすでに確定である。もう少し年をとって迫力満点のばばさまになったら、「ここはワシの席ぢゃ」と縄張り宣言してやろう。——座りたいなんてこれっぽっちも思ってませんでしたよ、という顔で吊り革にぶら下がりつつ、心に誓うのでありました。

◎コラム　「ああだこうだそうこうあれこれ」

本書単行本が世に出てから七年有余、私の面の皮もだいぶ厚くなったのですが、というか、当初からさして薄いほうではなかったのですが、この電車内での縄張り宣言、ああだこうだ脳内シミュレーションはしてみるものの、いまだ決行に至らず。まだまだ修業が足りないようです。

そうこうしているうち、順調に白髪は増え、老眼は進み、若者から席を譲られる日も近くなってきました。幸か不幸か、今のところまだ譲られた経験はありませんが、いずれ私のために若者が立ってくれるその日が来たら、あれこれ遠慮せず、さらっと座らせてもらうつもりです。せっかく勇を鼓して席を立ってくれた若者に恥をかかせるわけにはいかんだろうじゃないですか。満面の笑みで謝意を述べ、ありがたく座らせてもらいますぞ。

さて、と。ここまでに出てきた表現、「ああだこうだ」、「そうこうしているうちに」、「あれこれ」の、この並び順。これについて、ちょっとおもしろい現象があるのでご紹介いたしましょう。「ああ」「こう」「そう」「あれ」「これ」、いずれも本章で取り上げた指示詞です。名詞か副詞かで形は違いますが、「あ・こ・そ」という語頭の音は共通で、指し示す範囲も共通です。で、おもしろいと申しましたのは、こうして二つずつ並べるときの順番に、ある法則があるということなのです。

「こうだああだ言う」とは言いません。「こうそうしているうちに」とも言わないし、「これあれ遠慮する」とも言いません。話し手の縄張りという点から見て、かならず「遠↓近」の順に並んでいるのです。語頭音だけでいうと、「あ↓そ」「あ↓こ」「そ↓こ」という順です。「こ」が、「そ」や「あ」より前に来る組み合わせはないのです。ほかの例もあげてみましょう。「ああ言えばこう言う」、「そこここに散らばる」、「そんなこんなで忙しい」、みんなこの「遠↓近」の法則に従っています。

だから何だと言われれば、何でもなくてそれだけの話なのですが、たとえば英語だと、here and there, this and that という具合に、「近↓遠」の順に並べることが多い。不思議です。だから、だから、それが何、と問い詰められると困ります。いや、ただ、ちょっとおもしろいですよね、という、それだけのお話。

13　ウチとソトの交流
——行くよ来るよ、あげるよくれるよ。

前章でウチソトをキーワードにするとわかりやすい言語現象があるのでいくつかご紹介しましょう、と申し上げておきながら、コソアの一件だけで話が終わってしまっておりました。いくつか、と言うからにはあと一つ二つ、例をお出ししませんと。

「行く？」「行く」
「来る？」「行く」
「来る？」「来る」

二名の人物の会話として、この三つのやりとりはすべて了解可能であろうと思います。「行く」というのはいま現に話しているところ（＝発話の現場）からどこか別の場所に移動する動作であり、「来る」というのは発話の現場、もしくは話し手のいる場所への移動であります。つまりウチ↓ソトの移動が「行く」、ソト↓ウチが「来る」です。そのことと、あとはイントネーションの上昇は質問を、下降は肯定を表すという知識があればじゅうぶんです。

一つめの会話は、ここではないどこかへあなたは赴く意志があるかと尋ね、それに対して、応と答えたことになります。たとえば七月七日の朝、彦星が織姫に電話して、今夜は雨の予報だけどどうする？と聞いているようなケースです。二つめは、質問者が今いるところ（＝質問者の縄張り）に相手が参じる気があるかどうか尋ねている場面です。たとえば、ひと足先に天の川に着いちゃった彦星が待ちきれなくてまた織姫に電話しているような場面。三つめは、二人が今いる場所に、（この後いったんほかへ移動した後で）また戻るかどうかという話、たとえばめでたくカササギの橋で落ち合った二人が、来年の七夕の相談をしているようなシーンが考えられるでしょう。じつに論理的であります。これなども、主語の省略をささえる仕組みの一つと言えます。

同じようなことは、「あげる」と「くれる」にもあてはまります。「行く」と「来る」が動作主本体の移動で、「あげる」、「くれる」はモノ（の所有権）の移動という違いはありますが、ウチソトのかかわり方はよく似ています。これに「もらう」をくわえた三動詞は、「やりもらい表現」とか「授受表現」という名でひとくくりにされ、日本語の初級段階における重要な学習項目の一つになっています。教えるほうにも学ぶほうにも、ちょっと根性の要る項目です。

なぜ根性が要るのか。「やりもらい」という行為を表現するのに、三つもの動詞を使い分ける言語は少ないからです。英語をはじめ、たいていの言語は二つですませています。

まず「くれる」と「あげる」から見ましょう。よく、この二つの違いは何でしょうと聞くと、日本語教育の経験などないふつうの日本語話者でも、ことばで説明するのは難しいなあとぼやきながら、「くれる」はこう、と腕を伸ばし、その手先を外側から自分の懐に向けてあおるような動きをする。そして「あげる」の説明では、反対に自分のほうから外に向かって腕を差し伸べるような動きをしてみせてくれます。つまり、「くれる」はソトからウチへ、「あげる」は、ウチからソトへ、と諒解しているのでしょう。

この諒解は正しい。ただ重ねて、じゃ、「もらう」は？　と聞くと、はたと困る。

そして、「くれる」の説明のときと同じような動きをしてみせる人が多い。ソトからウチへ、と。そこで意地悪く、「くれる」と「もらう」の違いは、じゃあ何ですか、と質問を重ねると、これだから文法は嫌いさ、という顔をされてしまいます。

こういうときは、ちょっと外国語の知識を媒介させるとポイントが浮かび上がってくることがあります。試みに「あの娘《こ》はボクにチョコをくれた」、「ボクは彼女に命をあげた」のような例文を英語にしてみましょう（しょうもない例ですみません）。すると、

She gave me chocolate.

I gave her my life.

おやおや、「くれる」と「あげる」がともに give という英語になっている。

そうなんですね、手の動きからはまるで反対語のように意識されていたけれども、じつはどちらも「ギブ＝与える」という意味だったわけです。そしてギブアンドテイクというカタカナ表現を思い出せば、「もらう」はテイクだ、と思い当たるでしょう。つまり与えられたものを受け取る側の行為です。

「あげる／くれる」では与え手が主語になり、「もらう」では受け手が主語になるの

が大きな違いです。

　では、ともに与え手を主語に立て、ともに与えるという意味を表現する二つの動詞、「あげる」と「くれる」は何が違うのか。さきほどの苦し紛れのジェスチャーにヒントがあります。ソトからウチ（＝話し手方向）に物が移動するときは「くれる」、ウチからソト方向に物が動くときは「あげる」なのです。

　だから、あの娘《こ》（ソト）からボク（ウチ）への移動には「くれる」が使われ、その反対の方向に移動した命だか人生だかには「あげる」が使われている、という次第。ウソだと思うなら、「AがBに～をあげる／くれる」という例文をもっとたくさん作ってみてください。「くれる」を使った例文でBに入るのは、ほとんどがボクとか私とかの一人称、さもなければうちの子とかうちの猫とかになるはずです。

　さらに実験を続けてみましょうか。AとBがともに話し手以外の人物であるような例を考えてみます。

「あなた、B子に何をあげたの／くれたの？」

　というような場合です。話し手と「あなた」が夫婦だとして、両者と「B子」との関係はどう読み取れるか。

もしB子が二人の間の娘だとしたら、おそらく「あげる」を使うのがふつうでしょう。夫と娘は話し手から見て等しくウチ側にあるべき人物ではありますが、会話の場合は、聞き手（この場合、夫）は会話の外の人物（この場合、B子）よりもウチ側にカウントされやすいからです。つまり「私とあなた」がウチで、B子がソトになる。

ここでもし「くれる」を使ったとしたら、それはこの夫婦の危機を暗示するかもしれません。「私とB子」がウチ同盟を結成していることになる、つまり、母娘の関係のほうが夫婦の関係よりもずっと濃いという心理を表すことになるからです。

まあこの辺は微妙といえば微妙、その日の虫の居どころによっても違ってくるかもしれませんが、もしB子が二人の娘じゃなくて、夫の愛人だったとしたらどうでしょう。ぜったいに「くれる」は使われないでしょうね。

くれてやる!
もらってあげる!

◎コラム　「矢印のあっちとこっち」

織姫彦星の例はことばだけで説明したので、もしかしたらわかりにくかったかもしれません。話をもっと単純にし、かつ矢印という便利な記号を使って、空間移動に関する表現について考えてみましょう。たとえば、次の図を動詞一つで表せと言われたら、どんな単語が浮かびますか？

東京 ↓ 大阪

「大阪に行く」、「東京から行く」のように、「行く」を思い浮かべる方が多かったかもしれません。でもきっと、大阪の人たちは「来る」で表現したくなったはずです。「大阪に来る」、「東京から来る」のように。

「行く」と「来る」、同じ図の中に、まるで反対方向の二つの動詞が隠れていたわけです。どちらを使うかを決めるのは、視点です。誰でも、物理的・心理的に共感を寄せる方に、視点を置くのがふつうです。どちらかといえば東京側という人は「行く」を思い浮かべたでしょうし、諸事、大阪寄りの人は「来る」を使いたくなったのではないでしょうか。

同じことは、本文中の「あげる／もらう」のほか、「貸す／借りる」や「預ける／預かる」にもいえます。

A男 ↓ (命) ↓ B子

A男から見たら「B子にあげる」もしくは「預ける」だし、B子から見たら、「A男に（／から）もらう」または「預かる」です。

英語を習い始めたとき、混乱しなかったでしょうか。あの、borrow, lend, rent という組み合わせ。lent（過去形）にいたっては、発音のせいもあって紛らわしさ二倍！　私なんぞ、いまだに混乱の渦中です。中学校の教室で、rent は貸し借り両方に使えると教わったとき、英語め、何といい加減な！と憤慨したものですが、図にしてみれば、たしかに一枚の絵に描ける事態なのですから、英語がそれほど理不尽なわけでもありません。

じつは日本語の中にも、同じような現象は珍しくありません。必ずしも両側の視点が用意されている動詞ばかりではないのです。たとえば、猫という生き物は、トイレ（大）の後、うれしそうに部屋じゅうを駆けまわり、その際飼い主の前に、お土産を置いていくことがあります。図示すれば、こんな感じ。

猫　→（猫砂ひとつぶ）→　飼い主

この行為は、「猫が飼い主に猫砂を渡す」とでも言語化できるわけですが、この「渡す」には、対になる動詞がありません。これをむりやり飼い主側の視点から描写しようとすれば、「渡される」とか「渡してもらう」という形にするしかありません。

もう一度整理し直して、追加の例をあげておきましょう。

【矢印の両端の視点にそれぞれ単語が用意されているもの】

行く―来る、貸す―借りる、あげる―もらう、教える―教わる、売る―買う、預ける―預かる、助ける―助かる

【矢印の起点側に視点を置いたもの】

渡す、返す、帰る、相談する、しかる、ほめる、呼ぶ、誘う、招待する、言う

一言語の中にもばらつきがあるくらいですから、外国語学習で混乱するのは、しかたのないことです。言語によって「世界の区切り方」が違う、ということですものね。さきほど lent と rent の紛らわしさの悪口を言いましたけれど、日本語学習者も、「かす―かりる」は音も近いせいか、よく間違えます。日本語学習者との間で、物や金銭の貸借の際にもしも妙な話になったら、身ぶりや矢印も活用して、誤解のないように努めてくださいね。

14 しぇんしぇー、ちゅくえ

——ターラちゃん♪

「しぇんしぇー」、「ちゅくえ」てなことを、孫のような年ごろのかわいい留学生に言われると、あ、うんうん、それでよし、なんてつい甘やかしてしまいたくなるのだけれども、日本語教師たるものそれではいけないのであって、「せんせー」、「つくえ」と声をはげまして発音指導をしなければなりません。

いくら日本語の音の数が少ないといっても、発音の習得が楽だということにはなりません。日本語の発音にも、学習者の母語によっては、なかなか難しいものはあります。日本人が英語のRとLを苦手とするように、同じにしか聞こえない！というものもあれば、そもそも母語にない発音もあるでしょう。あるいは母語では区別する複数の音が日本語では同じだとされているので、どう発音していいかわからない、という悩みもありえます。

とにかく母語の影響によって学習者の日本語のなまり方も変わるので、ベテランの、耳のいい日本語教師になると、学習者の日本語のおしゃべりをちょこっと小耳にはさんだだけでその出身国を当てるなどという芸当もできます。

私にはそのような芸当はできないのですけれども、冒頭の「ちゅくえ」は、いろいろな国の人がそう発音する。大リーグの松井秀喜さんもお気の毒に「ヒデキ・マチューイ」ですものね。とかくツの音は難しい、ことに語頭に来ると発音しにくい音らしい。「しぇんしぇー」のほうはそれほど頻繁ではないけど、それでもよく聞く。なんでかな。

ひらがなは素敵、五十音表はエライ、と言っておきながら、悪口を小出しにしてすまないのだけれど、この五十音表、じいっと意地悪な目で眺めまわすと、ちょっとした破綻が見えてきます。3章で、五母音に各行共通の子音を足すという整然たる配列になっていると言ったのですが、その共通の子音というところに、じつはちょっとしたホコロビがあるのです。もう一度、「口内探検」をしてみましょう。

まず、タ行のタを発音するときの最初の子音、舌の先をぺたっと上の歯茎の後ろあたりにつけるという形をそのままキープして、アイウエオを発音すると、こうなるはず。

タ、ティ、トゥ、テ、ト

いわゆる一つのタ行だと思っていたうち、「本当に同じ子音」で発音できるのは、タテトの三つだけです。じゃ、チはどうなのか。チと言いながら自分の口の中をじっくり反省してみると、タテトのときよりも、舌と上あごの接点が後ろにずれていることに気づくでしょう。少なくとも歯茎のすぐ裏ではない。その後ろ寄りの接点を保持しながらアイウエオと言ってみると、こうなります。

チャ、チ、チュ、チェ、チョ

ここでもツは出てこないので、ツと言いながら、また口の中を省察すると、舌の位置はチュよりは前なんだが、さっきトゥと言ったときよりも、なんというか舌先の接地面積が小さいような、そして接地した次の瞬間すかさず離れて、そこにできたごくわずかなすきまを空気が鋭く流れ出るような感じがするはず。で、頑張ってその形でアイウエオとやってみましょう。

ツァ、ツィ、ツ、ツェ、ツォ

これでやっと、タチツテトがそろいました。あの中国の美しい女優さん、チャン・ツィイーの名前が、これで読めるようになりました。ツァラトゥストラかく語りき、なんてことも言えちゃう。けれど「ちゅくえ」と言ってしまう学生に、どうやったら「つくえ」と言ってもらえるのか。

学習者の発音の問題点がなへんにあるかをすばやく見抜き、その矯正法を瞬時に見出し、適切な練習例をどどんと提示するには、相当な訓練が必要です。音声学の教科書には、声門から鼻腔、口腔にかけての断面図が掲げてあって、日本語教師を目指す人は、その図を見ながら録音された音声を聞き取り、それが口内のどこをどう使って作られた音かを識別するといったトレーニングをします。自分の母語の発音だけに限っても、ふだん無意識にやっていることをあらためて認識するのは、けっこうハードなものです。

とはいえ発音矯正ばかりに偏った授業では学生のやる気をそぐし、ま、通じればいいじゃない、という教師も中にはいますが（私です）、少なくともタ行の子音がじつは三種類入り混じったものである、という程度の知識は、どんなへっぽこ教師にも必

つーかりょうり？
それは
「ちゅーかりょうり」で
いいんです。

要です。

ほかにもそういうあやしい行がないか探してみましょう。

ありました。サ行とハ行です。サ行には二つの子音が紛れ込んでいました。

サ、スィ、ス、セ、ソ

シャ、シ、シュ、シェ、ショ

最近の若い日本人の中には、この仲間はずれのシを、サスセソと同じ子音でスィのように発音する人が間々見られます。さらには、上の歯の裏っ側（歯茎ではなく歯の）に舌を接近させ、歯でかんじゃいそうなギリギリまで近づけて、まるであの、日本人が苦手とする英語の th の音に近い音を使う人までいる。非常に気になります。もっとちゃんとしっかりシって言ってほしい。「すぃっかりすぃて」って言われてもしっかりできない気がします。

ハ行はというと、タ行同様、三枚おろしになります。

ハ、×、×、ヘ、ホ

ヒャ、ヒ、ヒュ、ヒェ、ヒョ

ファ、フィ、フ、フェ、フォ

ヒとフが仲間はずれになっています。ハヘホと同じ子音で発音しようとすれば、喉のだいぶ奥のほうをせばめておいてそこから空気を押し出す音になるはずですが、現在の日本語ではその音は使われていません。ヒとフは、喉の奥ではなく、口のずっと前寄りで発音されます。ヒはむしろシの音にだいぶ近い場所を使います（だから江戸っ子は区別できない。「ひつれいなしとだ」なんて言ってしまう）。フはそれよりさらに前のほう、唇をせばめたところから空気が流れています。熱い飲み物を冷ますときのフーッの音です。

じつは英語の疑問詞、what, when, why などの wh のところの発音がこの日本語のフにわりと似ています。そのためか、日本人はよくそれと同じ発音で who も発音しようとするのですが、残念ながら who は、唇のところではなく、喉の奥で出す音なのです。日本語のハ行で言えばハヘホを発音するときの音に近い。日本語ではここのウ段は欠番になっているのですが、今度からそのつもりで who って言ってみてください。ぐっと英語っぽい発音に聞こえるはずです。

と、日本語教師になってから気づきました。日本語を知ると外国語の発音もきれいになるかも♪

◎コラム　「ドラマチック？　ドラマティック？」

ひと口にタ行といっても、口内における舌の位置や接地面積の広狭をよーく観察してみると、その子音は一種類ではないということを述べました。たとえば、「ドラマチック」などというカタカナ語は、「ドラマティック」と表記することもできます。「ティ」のほうが、どちらかといえば原音に忠実な音になりますが、忠実な写し方であるがゆえに、いささかキザに響くようでもあります。

はてさて、流通量が多いのは「ドラマチック」か、「ドラマティック」か。二〇一八年中ごろの某日、ざっとネットで検索をかけてみたところ、「～チック」のほうがやや優勢でした。ただ、両者のヒット数はかなり伯仲しており、検索エンジンによっては「～ティック」のほうが多いものもありました。

これはごく大ざっぱな印象ですけれども、たとえば化粧品やファッション関係、あるいはマンションなどの広告では、「ティ」という表記を多く見かけるような気がします。キザであることがむしろ求められるような文脈では、「チ」よりも「ティ」のほうが好まれるということでしょうか。

実際、日本語に移入された時期の早い外来語は、「チ」が多く、歴史の浅い外来語ほど、「ティ」で書かれる例が増えます。つまり「ティ」のほうが、新しいのです。いくつか並べてみましょう。

【「チ」のほうがしっくりくるもの】
スチール、チーム、チケット、プラスチック、エチケット、チベット、スチームアイロン

【「ティ」のほうがしっくりくるもの】
ミルクティー、パーティー、ボランティア、シティー、クリエイティブ、エグゼクティブ、アイデンティティー

ちなみに、日本語に入ってからの歴史がうんと長い語の中には、「ティ」でも「チ」でもなく、「テ」というのもあります。

「ステッキ」
山高帽にステッキ。喜劇王チャップリンの「正装」にかかせない小道具です

ね。英語の stick から来ているはずですが、これなどは、その後、おもしろい展開を見せます。

「スティック」

「スティックのり」、「スティックサラダ」などの、スティックです。同じ棒状の物体であっても、後発組は「ティ」で表記されて、ステッキと住み分けています。これが「ステッキのり」では、文房具として使い勝手が悪そうだし、野菜嫌いの子に「ニンジンステッキ」を出したら、きっと泣き出すでしょう。そういえば、文明開化のころの小説で「テケツ」なる語を見かけたこともあります。何かと思いきや、これ、「チケット」のことなのでした。

「テ」より「チ」、「チ」より「ティ」が、確実に新しい感じを与えるわけです。同じ steam から入ってきたはずのカタカナ語でも、古株家電のアイロンでは「スチーム」と表記されるのに対し、おしゃれ美容家電や、電子レンジ用のシリコン製蒸し器などでは、「スティーム」や「スティーマー」と書かれる例が増えます。

歴史の深浅によって、使い分けられているわけですが、おもしろいことに、それを逆手にとってわざと古い形を使うことがあります。たとえば、わが家では猫の記念日(=同居開始記念日とか推定誕生日とか)に、「お刺身ぱーちー」を催すことがよくあるのですけれど、「ぱーちー」、みなさんは使いませんか? あるいは、「アイデンチチーの危機を感じちゃうぜ」なんて言うこと、ありませんか?

「パーティーなんてそんなしゃれたもんじゃないんですヨ」と言いたい。あるいは「じつはよくわかってないんですけどね感」をアピールしたい。そんな微妙な気配を感じさせる、あえて、の「チ」です。こういう「照れ」を含んだことば遊び、大好きです。

15　ありますですかそれともありますですか？

——発音しない発音

駆け出しの日本語教師だったころ、「机の上に本があります」なんていうような文型を教えながら「ちゅくえ」族と格闘していたある日、「ところでしぇんしぇー」という感じでおもむろに質問されたこと——、

「ありますですか、ありますですか？」

は？　んーと、すみません、ご質問の趣旨がわかりかねますんですが？

学生は質問をくりかえす。

「あります？　あります？」

まだわからない。

「す？　す？」

どうやら発音の違いを聞いているらしい。でもいったい何が知りたいというのか。おんなしじゃん？

やがて学生は、ま、いいです、あなたに聞いても無駄みたいですね、気にしないでください、と憐れむようにほほえみ、さ、先に進みましょ、と不甲斐ない新米教師をやさしく促すのでした。

今ならわかる！　今なら余裕たっぷりに、ああ、それね、ありますでもありますでもどちらでもいいですよ、と言える！

学生の耳がしっかりとらえた「す」と「す」の違いは、suとsの違いだったのです。専門用語で言えば、「母音の無声化」という現象です。

そもそも有声音とか無声音とかいうときの「声」とは、声帯の振動をともなう音声を指します。カ・サ・タ・ハ・パの各行の子音が無声子音で、ガ・ザ・ダ・バ・マ・ヤ・ラ・ワの各行の子音が有声子音です。そしてア行の五音、すなわち母音は文句なしに有声音です。ご自分の喉仏のところに軽く指先を当てて発音してみれば、振動の有無がわかるでしょう。日本語には子音だけを取り出して発音する音節がなく、どうしたってもれなく有声音である母音がくっついてきてしまうのでわかりにくいかもしれませんが、思い切りゆ～っくり言ってみれば、カとガ、ヒとミ、ぺとべでは、喉仏の揺れ始めのタイミングの違うのがわかるでしょう。カやヒやぺでは、初めの子音部分で喉仏は揺れません。

　で、母音の無声化というのは、この、本来有声音であるはずの母音が無声になる、声帯の振動なしで発音されるという現象です。とくにイとウの音が無声になりやすい。どんなときにこれが起こるかというと、無声子音にはさまれたときや、語末、文末です。だから、「机の上に本があります」なんていう文では、最後の「あります」の「す」のところで、じつはsという子音しか出ていないことが多いのです。

　冒頭の授業で学生が混乱したのは、新米教師の私が無意識のうちに、語末の母音まで丁寧に発音した「あります（su）」と、ふつうに発音した（＝無声化した）「あります（s）」をまぜこぜに示してしまっていたからに違いありません。

　さらに言えば「つくえ」のところでも、ツとクの子音は無声ですから、間にはさまれたu（＝ツの母音部分のウ）も、ナチュラルな発音では消えることが多い。もし授業の初めに「つぅくぅえ」などと、丁寧に、しかし本来的には不自然な発音で新出語の紹介をし発音練習をさせていたとすれば、そしてその後でいきなり「机の上に……」とふつうに発音していたとすれば、学生はとまどうことでしょう。学生の耳には「×くえ」のように聞こえるはずですから。

もちろん新米教師であっても、こうした現象があることは知っておりましたとも。知識としては。でもふだん自覚せずにしていることだし、実際に学習者の耳がそこまで鋭いとは予期していなかった。だから質問されたとき質問のターゲットが何なのかとっさに理解できなかった。（星の数ほどある）ほろ苦い思い出の、一つです。

なお、この現象は、標準語では標準的に起こるのですが、関西には無声化しない方言が多い。無声化するかどうかはアクセントとのからみも大きいので、関西型のアクセントで方言として話されているときにはそういうものだとして意識に上りませんが、たとえば（標準語で話す訓練をとくに受けたわけではない）大阪出身のタレントさんが、標準語のアクセントでナレーションをしているのなどを聞いていると、けっこう耳につきます。無声化されるべき母音がいちいち発音されてしまうために、妙にもったりと重ったるく聞こえ、キビキビしない感じがするのです。

江戸っ子の発音のシャキシャキしたスピード感は、この母音の無声化に負うところも大きいのかもしれません。「っっしょーめ」、「はっつぁん」、「おっつける」などを、

「ちくしょうめ」、「はちさん」、「おしつける」などと、もっちゃりくっちゃり発音したのでは、江戸落語も形無しでしょう。

落語家でなくとも、東日本ベースの標準語の発音では、たとえば「進め！」なんていうのはsとsにはさまれることになる最初の「す」の母音が無声化しますから、「っすめ！」みたいに聞こえます。「菊池さん」はkikuchisanで、無声子音だらけの上に母音は消えやすいイとウですから、「きっちさん」、へたをすると「っっつぁん」みたいになる。「キ・ク・チ」のそれぞれの母音を発声するときの「イ・ウ・イ」という口構えにはなるのだけれど、音は出ない。「菊池進さん」だったらもっと大変ですね。

赤ちゃんの命名のときには、字画がどうのというばかりじゃなくて、こんなことにも気をつけたほうがいいかもしれません。

お手洗
ありますゥー？
ハイッ！
あるッス！

16　てってたってっ。

——詰めて縮めて試練の聞き取り問題

　箱入りのティッシュペーパー。どんどん小さく薄くなってますね。しかも中身の枚数は変わらない。あんな薄いものを、あんな小さな箱に、あんなにたくさん詰め込む技術は、じつにすばらしい。さすが軽薄短小技術大国にっぽん。

　とは思うのですが、それは滞りなくティッシュが取り出せれば、の話。新しい箱に手をつけるたび、私の中にどす黒い怒りがこみ上げてきます。だって、だって、取り出せない！

　最初の一枚をそっとひっぱると、ぎゅうぎゅうに詰め込まれた後続のティッシュがその一枚をがっちりつかんで離さない。じりじりと力を加え、えいやっと引き抜くと、繊細なる薄様はあえなく途中で千切れてしまう。

しかたないので指を突っ込んで、イライラとほじくり出すことになります。箱、小さくしすぎじゃないでしょうか？　輸送費が削減できて、多少はCO_2削減にも寄与しているのかもしれませんけど、私は昔みたいに心穏やかに鼻をかみたいんです。詰めりゃいいってもんじゃないです。あのゆったりした箱を返して！

グスン。……涙を拭いて話を続けましょう。

日本語にもぎゅうぎゅう詰めたがる癖がございます。

「知ってる？」「知んない」

「じゃ、これ持ってて」「持っててったって無理っすよ」

「黙ってりゃわかりゃしねえよ。黙っときな」「えー、もう言っちゃった」

「そんなこったろうと思った」「いけね、帰んなくちゃ」

詰めてますねえ。これをゆったりほどくとこうなります。

知っている／知らない／では／持っていて（くれ）／持っていてと言っても／無理です／黙っていれば／わかりはしない／黙っておきな（さい）／言ってしまった／ことだろうと／いけない／帰らなくては（ならない）

こういうのを「縮約形」と言います。日本語ネイティブなら何の苦労もなく「開《かい》梱（こん）」できるものだろうと思います。右に挙げた例はいささか乱暴な人物を想起させたかもしれず、眉をひそめた方もおありかもしれませんが、そしてたしかにまあ、くだけた会話で出やすい現象ではあるのですが、縮約そのものは、敬意の程度とは関係なく、ましてや日本語の乱れとか何とかにつながる現象ではありません。たんに口の運動量を節約しようというだけのことで、その手の手抜きはどの言語にもあります。

　でもこれ、外国人の日本語学習者にとってはけっこうな難物です。「持ってて」と「持ってって」なんて、違いは小さい「っ」の有無一つでしょう？　渡された荷物を持ってそこに突っ立ってればいいのか、すみやかにどこぞに移動しなければならないのかが、この小さな「っ」にかかっているわけです。大変です。

　一例ですが、ある程度日本語ができることがわかっている外国人に向かって、

「ティッシュ持ってってってってったでしょ」

なんて言って、相手をキョトンとさせてしまうことがある。そんなとき、「ほら、ティッシュ、あの箱に入った薄い紙！」などと説明しても無駄です。キョトンの原因はティッシュの何たるかを知らないことではなく、その後の縮約形の連打にあることが多い。

「持って行ってと言ったでしょう」って言ったんですよ、と言い直してあげるためには、自分がどんな縮約を行ったのかを自覚できなければなりません。タイプ別にちょっと整理して、代表的なところをいくつかご紹介しましょう。

【音が抜ける】

いちばんシンプルなのは、語末の長母音をはしょって短くするというもの。「おはよ、ありがと、でしょ、ほんと」の類。これはさしたる難題ではないですが、以下は難しい。

まず抜けやすいのがイの音。「〜している」、「〜していく」などではよく抜けます。だから「持っている」が「持ってる」に、「持って行って」が「持ってって」になる。「持ってけどろぼー」も「持って行け」ですよね。「持ってきな」なぞは、日本人でも迷います。「(あっちに) 持って (行) きな」と、「(こっちに) 持って来な」の二通りがありえますから。

エの音も抜けやすい。「黙っておく」が「黙っとく」に、「聞いてあげる」が「聞いたげる」になる。いずれも「て」の母音であるエが抜け、残った子音のtが次に来るオやアとくっついて、トやタになっています。

それからノの後ろにタ行やダ行の音が続くとき、ノの母音部分のオが抜けてンとなる。これは発音にかかる時間の長さは変わらないのだけれど、発音の手間は楽になる。「そうなのだ」が「そうなんだ」に、「困ったものだ」が「困ったもんだ」に、「あのとき」が「あんとき」になるという具合。

【音がつながる】

アイやオイという二重母音が長音のエーになる。アイ↓エーの例は「ありえない↓ありえねー」、「うまい↓うめー」。オイ↓エーの例は「すごい↓すげー」、「おもしろい↓おもしれー」。

音がつながった上に発音にかかる物理的時間もぎゅっと短縮する例は、「～てしまう／でしまう」が「～ちゃう／じゃう」になったり、「ては／では」が「ちゃ／じゃ」になったり、「ければ」が「きゃ」になったりするというもの。「言っちゃう」、「飲んじゃった」、「行かなくちゃ」、「飲んじゃだめ」、「もう帰らなきゃ」などが、このタイプです。

【ナ行音の前のラ行の音がンになる】

「いろいろな↓いろんな」、「知らない↓知んない」、「来るな↓来んな」、「どうしてくれるの↓どうしてくれんの」、「聞いてくれない↓聞いてくんない」。これはナ行とラ行の子音を作る場所がとても近いことによる現象です。ためしに鼻をつまんでナニヌネノって言ってみてください。ラリルレロに聞こえなくもないでしょう？　どうせ次にナ行の音が来るんだったら、レロレロ舌を回すのをはしょっちゃえ、そのまんま鼻から息を抜いとけ、という手抜きです。

こうして並べ立ててみると、いやあ、これを外国語としてマスターするのは大変だろうなあ、と思います。

でも最近は日本のアニメやマンガにひかれて日本語の勉強を始めたという人がけっこう多く、そういう人たちは、自然な話しことばをちゃんと理解したいという学習動機が強い。こんなことぐらいではくじけません。単語レベルの「来て／切手／聞いて」のような発音練習には気乗り薄でも、アニメやマンガに必ず出てきそうな、「持ってて」と「持ってって」の聞き取りには張り切ってくらいついてきてくれます。

そんな頑張り屋さんたちの苦労にくらべれば、ティッシュがうまく取り出せないなんていうのは小さい悩みなのでした。すぉっと慎重に今度こそ……。

かっけー!!
(かっこいい)

◎コラム　「タダシイ日本語って？」

以前、日本語教師養成講座の講師をしていたとき、休憩時間に質問にいらした方がありまして、概略、次のような会話が展開しました。

「やっちゃったとか言うのは間違いですよね」

「は？」

「やっちゃった、とかってつい言っちゃうんすけど、そういうのは正しい日本語じゃないから、教えちゃダメですよね」

「あのう、たった今、言っちゃうんすけど、とおっしゃいましたが、それは正しい日本語ではないわけですか？」

タダシイ日本語とは何ぞや。

ひと昔前まであんなに叩かれていたラ抜きことばは、今や（少なくとも話しことばにおいては）確固たる地位を占めつつあります。「やらさせていただきます」のようなサ入れは、今のところはまだマチガイである、と言ってよいかと思いますが、でもこの先、活用グループに関係なく「させて」をつけることになるとすれば、堂々と使ってよい日が来るかもしれません。

ことばというのは、究極の民主主義、多数決がすべて、数の暴力がまかり通る世界です。どんなにマチガッテル！と言われていた表現でも、使う人が増えれば、やがてそれが正義になる世界です。その暴走に歯止めをかけたくなる心理は理解できるし、そうした抵抗が変化のスピードを緩やかなものにして、同時代に生きる多様な世代の人々の相互理解を担保するよすがにもなるとは思います。でも、だからといって、妙な教条主義をふりかざすような考え方は、日本語を息苦しくさせるだけです。

このときの質問者は、明らかに日本語ネイティブの中年男性でしたが、この方は、ご自分が現に使っている日本語を、自ら否定しようとなさっていたわけです。そんな姿勢でいたら、教壇に立ったとき、口をきけなくなってしまうでしょう。第一、まず聞かない日はないほど日常頻繁に使われている「〜ちゃった」という縮約形を、もし教えないとしたら、日本で暮らす学習者は、どうすればいいのでしょう。無菌室で培養したようなタダシイ日本語しか教えなかったら、むしろ学習者に損害を与えることになりかねません。

ことばの海を泳いでいくには、芯は強く、外皮は柔らかく保つ姿勢が大切だと思います。タダシイ日本語でがちがちに固めた鎧を着ていたら、学習者に泳ぎを教える前に、自分がおぼれてしまいます。体幹をしっかり支えつつ、さまざまな変化に柔軟に対応するために必要なものは、日本語についての正確な知識です。知識というより、判断力といったほうがいいかもしれません。「正しい日本語」ではなく、「適切な日本語」を見極める、そんな判断力です。場面や人間関係によって、同じ表現が適切にもなり不適切にもなります。また、日々変化を続ける日本語の、どのあたりまでを許容するかも判断しなければなりません。そんな力が重要なのです。

きのうの誤用が、あしたの正用になるかもしれません。つい最近も、授業見学に来た日本人学生からのコメントシートに、「国によって文化が違くて、それも新鮮で楽しかったです」とあり、仰天したばかりです。「違くて」が書きことばに、それも教師に提出するための多少なりとも気の張る(であろう)文章に使われている例を、私は初めて見ました。日本人の人口ピラミッドでとっくに六合目あたりに突入した日本語教師として、「近ごろの若いもん」の使う日本語への目配りを忘れてはいけないと、気を引き締めたできごとでした。

17　トンネルを抜けると鴨川でマスオさんが
——辞書に載らない知識と教養

たとえば年のころ三十代、四十代あたりの既婚者たちが、お盆休みに帰省するとかしないとか、あるいは二世帯住宅における覇権問題とかいうような話をしていたとします。そして、そのうちの一人が、「うち、マスオさんなんだ」と言ったとします。そこですかさず、「いいなあ。その方がいろいろ気楽かもねえ」と返すためには、単なる日本語力以外の、知識と教養というものが必要になります。

すなわち、マスオさんとはあの国民的四コママンガおよび超長寿アニメ番組の主人公サザエさんの夫君であり、幼い息子のタラちゃんともども、妻であるサザエさんの両親の家に同居している、といった知識が必要なのです。それが身についていなければ、「いいなあ」とも「気楽かもねえ」とも、何とも応答のしようはないでしょう。

あるいはまた、早春の公園の池のほとりに鴨が点々と並んでいて、しかもそれが二羽ずつカップルになっていて、さらにその上カップル間の距離がほぼ等しい、などという情景に出くわしたとき、おごそかに「おお、鴨川の法則であるな」とつぶやくことができるかどうか。これも日本語力とはまた別の知識と教養がものをいう場面です。ある言語が使えるというためには、その言語の語彙と文法を身につけるだけではなく、当該の時代におけるその言語の話者の大多数が知っているであろう「どうでもいいこと」をも知っていることが望ましい。それがないと、会話の流れに乗りそこねたり、冗談が理解できなかったりするのです。でも、困ったことに、こうしたことは辞書には載っていません。ではどうするか。

幸いなことに、今は何でも検索すれば出てくる。頭の中に知識を蓄えていなくても、ちょちょいと手もとの石板状の機器をいじれば、そこに答えがころがっている。だから、その手の知識と教養に不足のある外国人学習者であっても、「マスオさんて誰？」とか、「鴨川？　あの京都の川がどうかした？」と気づくことさえできれば、サクッと検索をかけて、すぐにナルホドと納得できることでしょう。あるいは目の前の日本語ネイティブに聞いてもいい。

問題は、「マスオさん」や「鴨川」のような明確なキーワードがない場合です。もうずいぶん前のことになりますが、駅に続く地下道をせかせかと歩いていて、一枚の地味なポスターに目を引かれました。真ん中に、大きく一行。

遊ぶ暇があったら遊びましょう。

海辺の巨大遊園地の宣伝ポスターでした。せかせか歩き続けながら、思わずうなりました。うまいなあ。

「遊ぶ暇があったら」というフレーズを聞かずに育った子どもはまれでしょう。あとは何も言うてくれるなおっかさん、――願えどむなしく、「勉強しなさい！」、「手伝いなさい！」、「少しは部屋を片付けたらどうなの！」と続くのがお約束です。そこへもってきての「遊びましょう」です。はっとします。うれしくなります。

「遊ぶ暇があったら」の「たら」は、条件節を作る働きを持っていますが、お小言の場合は、「もし仮に遊ぶ暇ができたとして」という仮定条件ではありませんよね。「ほほう、お前には遊ぶなどという非生産的な行為にうつつをぬかす時間があるのだね。それくらいなら……」です。仮定条件ではなく、確定条件の「たら」です。

もちろん、「もうちょっと遊ぶ暇があったらなあ」とか、「もし遊ぶ暇があったら温泉でも行きたいねえ」と、仮定の話に使うこともできます。ですが、大方の日本人は、唐突に「遊ぶ暇があったら」と話しかけられるや、瞬間的に、おのれの子ども時代を思い出し、「ああ、叱られる……」という想念にスイッチが入るのです。右のポスターのコピーが秀逸なのは、そのようなスイッチの存在を見越しているからです。見越しておいて、その上で「遊びましょう」と楽しげに誘うから、言われた方は二倍うれしくなるというしくみです。

こうしたスイッチを持たない人に、このコピーを百パーセントおもしろがることはできません。日本語学習者には、きっと説明が必要でしょう。しかし、このような、定型表現とも言えないほどゆるやかな「決まり文句」を辞書に載せるのは、至難の業です。それ以前に、よほど勘のいい人であっても、そもそもここに「定型性」があることに、なかなか気づかないでしょう。気づかなければ、質問もしないし、検索もしない。しなくても文の論理的な意味は理解できますから、「わかったような気」になってしまって、そこで終わってしまいます。

同じころ、新聞の全面広告に、こんなのを見つけました。

トンネルの向こうへ。——越後湯沢

一面ベタ黒にこれだけが大きな白抜きの文字で、その真下に小さなカマボコなりの白い図形があり、さらにずっと下の方に小さく「今年は川端康成生誕一〇〇年」とありました。白いカマボコ形は、明らかに、トンネルの出口の意匠でしょう。

国土の約七割を山地が占める日本です。トンネルなどいくつあるやら知れませんが、この場合のトンネルは高速道路のそれなどではなく、断じて鉄路のものでなければなりません。そしてこの広告を見た人々の脳内には、間違いなく「抜ける」とか「雪国」、さらにうまくすれば「温泉」といったキーワードが浮かぶはずです。そして、その鉄路の上を走る列車は、もちろん下り方向のものでなければなりません。

少なくともこの広告を打った人たちは、それを期待したに違いありません。「さあ、トンネルを抜けて雪の越後湯沢へいらっしゃい」と。でも、これだけの期待を保証する情報は、いったいどこに、どのように準備しておけばいいのでしょうか。国語辞典の「トンネル」の語釈に盛り込むのは無理があります。引用句事典には当然記載があるでしょうが、「国境」も「抜ける」も「雪国」もないこのコピーだけで、何らかの「引用元」の存在を感知できるような人だったら、そんな人は初めから引用句事典を引く必要など感じないでしょう。

さらに別の例。世界最小の新システムを搭載した腕時計なるものの発売を知らせる広告に、こんな一句がありました。

そういえば、秋は、小さいものを見つける季節。

なにゆえ「そういえば」なのであるか。外国人学習者でこれがスッと理解できる人は少ないでしょう。でも日本で生まれ育った人だったら、かなりの確率で、これを見た瞬間、「ちーさいあーきーちーさいあーきーちーさいあーきーみーつけたあ〜♪」という歌の一節が無条件に頭の中で鳴り出し、ついでに「たあ〜」のところで自分の声が裏返る感覚までよみがえるでありましょう。こんなことも、どうして「そういえば」なのか、と気づいて質問しない限り、「正解」にたどりつくことは極めて困難です。

そんなこと、どうだっていいじゃないかと言われればそれまでですけれど、日本語学習者には、何とかしてこうした「目に見えないカギ」にも気づいてほしい、そして丸ごとの日本語を楽しんでほしい、と思うのです。このことは、百年後の日本語母語話者にも当てはまることです。時を経てこれらの言語資料が未来の研究者の目に触れたとき、果たして十全の解釈がなされるでしょうか。現に今、私たちが過去の日本語資料に対するとき、同じ不安を抱かずにいられるでしょうか。清少納言のエッセイには、まだ何か私たちが見落としているおもしろい「カギ」が隠れているかもしれません。ことは、日本語話者が外国語を学ぶときも同じです。その時代の流行りもの、話題になったCM、ごく短期間、冗談のタネになったニュースなどなど、どうでもいいようでありながら、知らないとオイシイ部分を味わいそこねてしまう、そんな「定型表現」はたくさんあるはずです。

その意味で、最近ちょっと気になったのが、「負けられない戦いがある」とか、「譲れない勝負がある」とかいう言い方です。「〈修飾句+名詞〉がある」という構造を、新聞の見出しや電車内の吊り広告などで、急に頻繁に見かけるようになりました。一見、どうということもない文構造に見えますが、なぜすなおに「今度の戦いは負けられない」、「この勝負は譲れない」と言わないのか。何やら「原典」の存在する気配が濃厚です。でもついそのままにして、ただモヤモヤしていたところ、あっさり、某テレビ局のサッカー日本代表の応援コピーですよ、と教えてくださる方がありました。

なあんだ。

わたくし、筋金入りのスポーツ音痴です。運動神経うんぬんの前に、各種競技のルールが、何度聞いても頭に入ってこない。そのおかげで、「日本中が手に汗握っ」たり、四年ごとに「世界が感動し」たりしているときも、心静かにお茶をすすっていられます。でも、その結果が、これですもんね。先ほど百年後の心配をしましたけれど、同時代に生きていてさえ、イマドキの日本語から置いて行かれていたわけです。この調子で身の回りにあふれる日本語のおもしろいところ、いろいろ見落としているんだろうなあと思うと、そこはやっぱり、口惜しいです。

ワタシの国、遠いデス。
どこでもドア、欲しいデス。
そーねー。

18 飾り飾られ

——盛り方の順序

近年「日本ぼめ」という行為が目立ちますね。にっぽんの職人スゴイ、日本食の繊細さスゴイ、という、あれです。ほめられれば（自分がその「スゴイ」にこれっぽっちもかかわっていなくても）やっぱりうれしくなるのが人情です。日本語教師としてつねづね日本語スゴイ！と思っておりますので、私も流行に乗って、日本語をもうひとほめ、しておきたいと思います。

これは単行本のあとがきに書いたことなのですけれども、日本語では、修飾する成分が修飾される成分より前に立ちます。たとえば「かわいい猫」だったら、「かわいい」が先、「猫」が後です。必ず、です。例外なく、です。どこがどんなふうにどの程度かわいいのか、いくらでも詳しく言いたくなるのが飼い主ですが、どうぞどうぞ、お好きなだけ詳述してください。どれほどその説明が長くなろうとも、飾られるほうの単語「猫」が、必ず後ろに来ます。やってみましょうか。「ふわっふわで小っちゃくて灰色のしましまで声がちょっとアレだけれども気立てがよくて甘えんぼでそのくせ甘えるのがあんまり上手じゃなくてだからほらそれが甘えてくるともうめちゃくちゃかわいい猫（が、うちにいるんだけどさ、写真、見る？）」。

いかがでしょう。いつでも飾りが前、飾られるものが後、日本語のこの例外のなさは、じつにきっぱりとしていて、カッコイイ。べつに英語を目の敵にするつもりはありませんけれど、英語だったら、こうは行きませんよね。短い形容詞の一つ二つぐらいまでなら前に置くけれども、長くて重いものは関係節を使って後ろに回さなければなりません。

右にあげた長々しい例は、飾られる語が「猫」という名詞で、これを名詞修飾と呼びます。学校文法では連体修飾、と習ったかもしれません。飾る語句と飾られる語の前後関係のルールは、この名詞修飾（＝連体修飾）のときだけではありません。いわゆる連用修飾、つまり飾られる語が形容詞や動詞などの活用する語（＝用言）である場合も、やはり、飾り飾られの位置関係は頑として守られます。

例をあげましょう。「←どこかで←犬が←うるさく←ほえている」という文に、飾ることば、たとえば「ワンワンと」を挿入するとしたら、どこに入れるか。途中の「←」のどの位置に入れてもかまいません。一見、どこでもいいように思えます。けれども、この場合の飾られる語は「ほえている」です。この「ほえている」との位置関係を見ると、「ワンワンと」は、必ず前に立ちます。よほど特別な表現意図がある場合か、言い忘れでもしたのでない限り、「ほえている」より後ろに「ワンワンと」が置かれることは、ありません。

それに対して、たとえば英語の、Dogs are barking furiously. という文において、furiously という副詞（＝連用修飾語）は、be 動詞の後ろに置くこともできるし、文頭でもいいし、文末でもかまいません。

このように、連体修飾にせよ連用修飾にせよ、飾る要素が飾られる要素に必ず先行するという性質は、日本語の大きな特徴の一つです。自由か規律か、どちらがいいという話ではありませんが、日本語のこの几帳面さは、文の解釈を楽にする働きがあります。とくに名詞修飾の場合、修飾節の終わりはたいてい被修飾名詞の直前となるからです。どういうことかといいますと、「飾りのしっぽ」がどこなのかがわかりやすいのです。先の「ふわっふわで小っちゃくて……」の例でいうと、出てくる単語が「で」、「て」、「だけれども」のように、「続く形」を取っている間は、「飾り」も延々と続きます。聞く側は、ウンザリしながらも、ああまだ続くんだなと覚悟して聞かなければなりません。そしてようやく、「猫」という名詞の直前で「かわいい」という「終わる形」が現れたとき、あ、ここが飾りのしっぽだ！とわかるというしくみです。

この続く形、終わる形、そしてほかにもいくつか助詞の制約などの細かい規則を覚える必要はありますが、それでも「飾り」はとにかく飾られる語の前につける！という絶対的なルールのおかげで、教室では名詞修飾合戦といったゲーム感覚のバトルを繰り広げることもできます。たとえば「ドーナツを食べました」というお題を与え、そこにどんどん飾りをくっつけていく競争です。おいしいかまずいか、買ったのかもらったのか、どこで、誰と、いつ、いくらで買ったのか、といった情報をどんどんつけ足していくのです。グループ対抗で長い文を作ったほうの勝ちということにしてもいいし、一人ずつ順番に、前の人が作った文につけくわえていくという形でもかまいません。次々にドーナツに長大な飾りがくっついていき、みんなが息を詰めるようにして見守る中、最後の一人が「～を食べました」を無事に言い終えると、思わず拍手が起こります。

ただし、問題がないわけではありません。たとえば「きのう原宿の駅から五分くらいの小さなお店でマナさんと割り勘で買ったドーナツを食べました」という文が作れたとして、「いつ食べましたか？」という質問をしてみましょう。「きのう！」と自信をもって答えることは、ええ、できませんよね。買ったのはきのうだけれど、食べたのはついさっきかもしれません。同じく、「小さなお店」で、買ったのか食べたのか、はたまた買ってその場で食べたのかも、じつは断言できません。つまり、「飾りのしっぽ」ははっきりしているのですが、「飾りのあたま」、すなわちどこから修飾節が始まっているか、に関しては、日本語のシステムでは明確に決められないのです。

ですから、あまりゴテゴテと飾り立てて、頭でっかちな文を作るのは感心しません。書きことばなら「、」をつけたりして、ある程度は誤解のないようにできますが、話しことばの場合はなおさらです。現実の会話では、修飾合戦のような話し方は歓迎されません。短い文を投げ合って、キャッチボールのごとく共同作業で話を組み立てていくのが自然です。

「ドーナツ食べたんだよね」

「ふうん」

「原宿の」

「あ、知ってる！　駅のそばのでしょ」

「そうそう」

「あそこの、おいしいけど高いんだよね」

「マナさんと割り勘で買って」

「あ、いいね、それ」

「で、あたし一人で食べちゃった」

「それ、まずくない？」

見てアレ！ボロボロで
ヨレヨレでデコボコで、
…ボクのデス。

19　4番の、カードを、お持ちの、お客さま

——声は意味を運ぶ道具

このごろは人工音声も自動放送も目覚ましい進化を遂げていて、いかにもコンピューターがしゃべっています、という無機質なアナウンスは少なくなりました。でもちょっと前までは、気になるものがけっこうありました。たとえば、駅のホームで聞かれた、これ。

まもなく、3番線に、〇〇行きの、電車が、まいります。

仮に「、」で示しましたが、この区切りごとに録音したものを、自動的に組み合わせて流すようなしくみになっているのでしょう。このかたまりごとに、プツプツ切れる。切れるのは仕方がないとしても、問題は、切れたところで声が、正確には声の高さが、改まってしまうのです。「まもなく」や「3番線に」の後ろで切れるのは、こ

れはかまいません。意味の上でも切れているからです。かまうのは、「○○行きの」と「電車」の間です。ここはひとかたまりで、ひと息に言ってもらわないと困るのです。それが切れて声が改まると、「電車」がよけいな意味を帯びてしまうことになります。無理にイチャモンをつけるとすれば、「○○行きの、(船でもなく飛行機でもなく)電車が」来ます、と言っているように聞こえてしまうのです。

もう一つ、銀行の窓口などで聞かれる次のような文も同様です。こちらは駅のアナウンスより改良が遅れているようで、今でもしばしば聞かれます。

4番の、カードを、お持ちの、お客さま、2番の、窓口まで、お越しください。

これもひねた気分のときは、頭の中でつい突っ込みを入れたくなります。「はいはい、4番の、(トランプじゃなくて)カードを、(作ったんじゃなくて)持った、(強盗じゃなくて)お客さまが、2番の、(裏口とかじゃなくて)窓口まで、行けばいいのね」と。この場合、重要なのは「4番の」、「2番の」です。「カード」や「お客さま」や「窓口」には取り立てて意味をもたせる必要はありません。ですから、なだれるように「4番のカードをお持ちのお客さま」、「2番の窓口」と続けてほしい。「4番の」、「2番の」と言ったときの最後の「の」の高さよりも後続の「カード」の「カ」

や「窓口の」の「ま」が高くなってしまってはいけないのです。

逆に、意味を際立たせたいときには、なだれさせなければいいのです。直前にほんのわずかな休止を入れたり、スピードをゆるめたり、声の高さを改めたりすればいいのです。たとえば、あなたがご自慢の（飼い主的にはかわいいと思っている）猫の写真を誰かに見せるとします。

　これ、うちの猫です。

そこでもし、もしもですよ、相手が、「え、タヌキ？」などと反応したら、どうしますか？　きっとあなたは、ムッとしつつ、こう繰り返すでしょう。

　うちの、猫です。

このときあなたは、「うちの」の後ろに少し休符を入れ、「猫」の「ね」を高く、強く言うはずです。さらに「ね・こ・です」のようにスピードを落とせば、より効果的。これで、「猫ですってば。タヌキじゃなくて！」という気持ちがはっきりと伝わるでしょう。

こういう音声的な微調整のことを、専門用語では、プロミネンスといいます。銀行の窓口や、ひと昔前までの駅のアナウンスで聞かれた自動音声は、置くべきでないと

にあう?
かわいい
かわいい!
かわいい「服」
ですネ。

ころにプロミネンスを置き、際立たせる必要のない単語を際立たせてしまっていたわけです。

プロミネンスは、言いたいことを伝えるためにとても重要な手段です。同じく「声」に関するものとしては、アクセントのほうがおなじみかもしれません。日本語のアクセントは、単語ごとに決まっている音の高低です。一休さんのとんち話に出てくる「このはし渡るべからず」の、「橋」と「端」の例が有名ですね。たしかに、アクセントも意味の判別に大きくかかわりますが、それは単語ごとの意味です。一方、プロミネンスは、単語と単語の関係、ひいては、文全体の意味にかかわるものです。言いたいことを伝えるために、とても重要なのです。といっても、個人的な演技力とか表現力とは違います。あくまで、意味を伝える手段の一つとして、日本語に備わっているルールです。プロミネンスによって意味が変わる例をご紹介しましょう。

　好きな酒で人生を棒に振った。

　つまみはこっちで用意するから、好きな酒を持って集まって。

右の二つの文にはどちらにも「好きな酒」という句があります。音読するとしたら、どう読みますか？　人生を棒に振ったほうは、おそらく酒なら何でもよかったでしょうね。酒の種類を限定しようとはしていません。「酒（というもの）が好きだった。その酒で人生を棒に振った」という意味です。それに対して、宴会のお誘いの方は「日本酒、ビール、ワイン、焼酎、あなたの好みのお酒を何か持ってきて」ということです。声に出して読むとすれば、人生を棒に振ったほうは、「好きな、酒で」と、「酒」にプロミネンスを置きます。宴会のほうは、「好きな酒を」とひとかたまりにして読みます。

もう一例。

同じ人間じゃないか、仲よくしようや。

ん、あれは同じ人間だ。ヒゲがなくなっているが、あのときの男だ。

ケンカしている両者の間に割って入って仲裁するときと、敏腕刑事が容疑者を見つけたときの「同じ人間」は、同じではありませんね。前者の場合は、プロミネンスが「人間」のほうにかかっているのに対し、後者の場合は「人間」には特段の意味づけは不要で、「同じ」のほうに卓立した意味を与えるべきです。前者は二人の人物の差を切り捨てて共通点をすくいあげようとし、後者は一人の人物の時間による差を切り捨てあの時と今との共通点をすくいあげようとしているわけです。仲裁者は種を同定し、刑事は個を同定しています。

というわけで、けっこう深遠な意味を論じることもできてしまうわけですが、つい先だって、新聞の大見出しにこんなのがありました。

「女子追い抜き金」

平昌冬季オリンピックの話題が世間をさらっていた時期でしたから、「金」が金メダルのことだということぐらいはすぐにわかりました。が、スポーツにうとい人間の悲しさよ、見出しの意味する正解にたどりつくまでに、数秒を要しました。最初、「(誰かが) 女子を追い抜いて金を取った」と思ったのです。でもそれにしてはすぐ下の写真の女性たちが、あまりにうれしそうな顔をしています。「まるで」金メダルを取ったような笑顔です。そこで、ふむ、誰かに追い抜かれたわけではないようだと思い直し、「女子が(誰かを) 追い抜いて金を取った」のだと考えました。結果的にはだいたいこれでも正解と言えそうですが、でも満点はもらえませんよね。ここの「追い抜き」はそういう名前の競技のことであり、「女子の追い抜き(=パシュート)」という種目です。だからここは「女子追い抜き、金」と読むべきだったわけです。スポーツ音痴の私は、「女子、追い抜き、金」とプツプツ区切って(=それぞれにプロミネンスを置いて)、しかも「追い抜き」を名詞ではなく動詞の活用形としてのアクセントで読んでおりました。

もちろんそのときの新聞は黙って読んでいたのですけれど、脳内ではちゃんと「音読して」読み間違えていたんだなあ、と愉快に思ったできごとでした。

20　先生はとても上手に教えました。ありがとうございます。

——ほめるな危険！

学期の終わり、あるいは留学期間が終わって今日でお別れ、というようなとき、教室を出て行きしなに、こんなふうに言ってくれる学生が（たまに）います。私の作る教材にあまりにも猫が猫を猫にどうしたこうしたという例文が多いのに気づいたか、小さな猫グッズに添えて、かわいいカードを贈ってくれるかわいい学生も（たまーに）います。そして、そのカードにやっぱり似たようなことが書いてある。

わほい、ほめられた♪とは思うのですが、ええ、そりゃ、もちろん、とてもうれしい、のですが、でもいささか胸中複雑です。もし私がほんとうに上手に教えたのだったら、せめて「教えてくれました」となるはず。もっと上手に教えたのだったら「教えてくださいました」となるはず。

いや、待てよ。違うな。

敬語の問題ではない。

ほんとに日本語らしい日本語の使い手に育っていたとしたら、そもそもこんな言い方はしないだろう。「先生のおかげで日本語が話せるようになりました」とか、はたまた「先生の授業が好きでした」とか言うのではないだろうか。そんなふうに言われたんだったら、ほんとうにうれしくって、たっぷり二、三日はバラ色気分で過ごせそうです。

なぜ、「上手に教えました」と言われて、すなおに喜べないのでありましょうか。

それは根っからバリバリの日本語ネイティブである私の心の奥底に「目下の人間は目上をほめるものではない」という感覚が根を張っているからとしか思えません。もっとはっきり言っちゃえば、「学生の分際で教師をほめるなんざ十年早いわ！」という感覚です。

アラいやだわ、私ったらそんなエラそうなこと考えてたのかしら。

考えてたんですね。私一人の問題ではなく、日本（語）の社会において、目下は目上を正面からほめてはいかんのです。

「(先生が上手に教えてくださったので）おかげで私は日本語が話せるようになりました」とか、「先生の授業が（よい授業だったから）私は好きでした」のように、カッコ内の部分は言語化せず、自分のこととして、自分はどうだったか、を語るのは問題なしです。でも、「上手に教えた」とか「いい授業だった」のように教師のデキを面と向かってほめるのは、学生の身ではルール違反なのです。

つまり、相手の技量をほめる、評価する、というのは、日本（語）社会においては、「上から目線」の行為であり、目下の者がしてはいけないことなのです。

ゴマすりを仕事にしているような社員がいたとしても、「よっ、社長はパットがお上手ですね」なんて言わないでしょう。「いやあ、さすが社長。私なんかにはとてもあんなパットは決められませんですよ」のように持っていくのではないでしょうか。「先輩の企画書はわかりやすくていいです」なんてのも微妙に危険です。「こんなふうに書いていただけると私にもよくわかって助かります」とかなんとか、「私の能力」に引きつけて間接的にほめるほうが安全なはず。

もっともこれは技能関連に限るようで、容姿とか持ち物とか所有物（家族を含む）とかに関してなら、向こう正面からヤンヤとほめていただいて問題ありません。「奥様は色が白くていらっしゃるから、何をお召しになってもよくお似合いですわ」とか、「やや、この皿は古伊万里ですか。見事なものですなあ」とか、「部長のご子息はうちのボンクラと違ってよくおできになりますから、何のご心配もありませんでしょう」とか、ねっとりじっくり油が出るまでゴマすってください。

また別の日。

教室に入っていくと、初めて京都に行ってきたという学生がお約束の生八橋をクラスメートにふるまって、みんなでキャイキャイ騒いでいる。ほほえましく見ていると、「先生もほしいですか?」

え? あ? う、うん、嫌いじゃないけども、……あ、ありがとう、いただきます。内心で「私、そんなに物ほしそうな目をしてたかな」と激しくうろたえながら、片手に出席簿、片手に三角の生八橋をぶら下げて立ちつくす教師なのでした。

日本(語)社会のルールその二、です。「目下は目上の感情(とくに欲望)を生々しく言挙げしてはならぬ」。

8章で触れた感情・感覚形容詞のルールに、他者の感情や感覚をストレートに表現することは日本語ではできない、というのがありました。「(寂しい)ようだ」、「(かゆ）そうだ」、「（痛い）らしい」とか、「（うれし）がっている」のように、間接化の手段を講じなければならないというルールです。

しかし、こと目上の人の感情の場合、とくに「ほしい」とか「〜したい」のような願望・欲望に関する表現の場合は、いくら間接化してもだめです。「先生もほしそうですね」とか「あの先生も食べたがっていました」のように言ってはいけない。たとえ文法的には正しくても、ダメ。ダメったらダメ。ひどくぶしつけに響いてしまいます。

以上二つのルール、きちんと学生に教えたほうがいいのですけれども、これがなかなかできない。教師自身が当事者になってしまうケースが多いので、なかなかいいタイミングで注意することができないのです。もらった生八橋をむしゃむしゃごっくんしてから、おもむろに「そういう言い方はやめなさい」なんて、ねえ、言えませんでしょう？

ん？何？
社長も
マンガ読みたい？

21 お〜星さ〜ま〜ギーラギラ♪

——ことばの海に漂う点々

「言語記号の恣意性《しい》」というものがあります。恣という字は訓読みで「ほしいまま」と読みますね。放恣な寝姿なんていう表現もあります。猫が縁側で両手両足おっぴろげ、ヘソを天に向けて大の字になっているようなのを申します。もっとも猫の場合しっぽがありますから、大の字とは言えない。正確には木の字と言うべきでありましょう。

そんなことはどうでもよろしい。言語記号の恣意性です。現代言語学の出発点を作ったとされる、スイスの言語学者フェルディナン・ド・ソシュールという方が発見しました。言語記号というのはことばとして発せられる音声のことですが、その音声と、音声によって表わされる意味との間には、これといって因果関係はない、両者の関係は極めてテキトーである、じつにほしいままの野放図ぶりである、という発見です。

いやそれって発見ってほどのもんかい？とはおっしゃいますな。リンゴが落ちるのを見たって、たいていの人は重力の発見なんかしやしません。言語記号の恣意性もまた、おおかたの凡人は言われるまで気づかなかったことだろうと思います。

たとえばしっぽを踏まれた犬はワンとかキャンとか何らかの声を出すでしょうが、そのときに彼らの使う声は〈痛い！〉という意味と一対一できっちり結びついていて、別々に切り離して扱うことなどできません。

対する人間はそんなとき（まあしっぽはないので足を踏まれたとかいうとき）、日本人なら「いたい！」と叫ぶでしょうが、そのときに使うイとかタとかいう音声は、〈痛い〉という意味とはまるっきり関係のない、まったく別の意味にも使いまわすことができます。「胃」とか「田」とか、「鯛」とか「板」とか、はたまた「（猫が）いた！」とか「（ここに）居たい」とか。

音声と意味の間に何の必然性もないからこそ、人類は森羅万象、過去も未来も、真実もウソも語ることができる。そもそも、喉の奥から口先鼻先までの発声器官で作られる音の種類なんて、どんなに頑張ったところでたかが知れています。たとえば日本語ならあの五十音表に書き込めるほどのごくわずかな音の組み合わせしかないのです。もし、音と意味が分かちがたく結びついていたら、たいへん不自由なことになっていたでしょう。

かように意味から解放された音声を使って、人類はそれぞれの言語を豊かに発達させてきました。でもこのことは反面、いろんな音（の組み合わせ）と意味を、一つ一つ頭の中で結びつけながら覚えていかなければならないという事態を招きます。キャン！という悲鳴を聞けば、ともかく何か痛い目に遭ったらしいということを、おそらく全人類が即座に理解するでしょう。しかし、日本語の「イタイ」という音連続を聞いても、あらかじめ意味を知っていなければ（学習していなければ）、そのような理解はできないわけです。

何の手がかりもなく、ひたすら覚えていくしかない、てんでんばらばらなことばの渦、茫洋たることばの大海原。つねに実体験とフィードバックしながら獲得していけばいい母語と違って、外国語学習の場合なぞは、つくづく道はるか、の感が身にしみます。

ところがこの果てしない大海に、おぼろげながらよりどころにできそうな島がある。

クラゲのようなふにゃふにゃした輪郭だけれども、ないよりはマシ、というような島が。

オノマトペと総称される、擬音語・擬態語の一群です。オノマトペだけは、言語記号の恣意性の例外であり、音声と意味が密接に結びついています。ま、考えてみれば当たり前の話で、ことに擬音語などは、まさしく「音をまねした単語」なわけですから、いわば音即意味なのでありました。

したがって、雄鶏の声は、聞こえるままに人の音声でそれをスケッチして、コケコッコーなどと言う（書く）。日本の雄鶏とイギリスの雄鶏が似たような声で鳴く以上、日本語のスケッチと英語のスケッチも似たような結果になり、英語でも（カタカナで近い音で書けば）クッカドゥードゥルドゥーなんて言う。カッコウなんかはさらにシンプル、さらにまねしやすい声で鳴きますから、カッコウの飛来するほとんどの国で、カッコウに似た音で言語化され、それがあの鳥の名前にもなっています。

現実の音の、言語記号による模写が行われているわけです。日本語はこのオノマトペが格別発達しています。並べてみるとちょっとおもしろい。外国人学習者も、慣れてくると日本語なりの模写の法則が本能的にわかってくるらしく、おもしろがってくれます。

たとえば、コンコンとトントン、カーン！とターン！をくらべると、カ行は金属でタ行は木製っぽいとか、キンとコン、チンとトンでは、イ段のほうがオ段より高い音を表してる感じがするとか。コロコロとゴロゴロ、パリポリとバリボリ、トンとドンでは、濁点のついたほうが大きい、重い感じがするとか。

擬態語のほうは様子を模写したもので、本来、「様子」に音なんかないはずなのですが、擬態語にも擬音語と似たような、音と意味の対応があります。「しっとり」と「じっとり」、「ぺたり」と「べたり」、「ふかふか」と「ぶかぶか」では、点々のついたほうが強い感じ、または不快な感じがするし、「キラキラ」より「ギラギラ」のほうが、なんだかエネルギー量が多そうな気がする。最近見かける「え゙っ」とか「あ゙～っ」なんていう表記も、この感覚を利用したものでしょう。小さな点々の有無がもたらす違いは、小さくありません。

音質だけではなく、単語の長さと意味にも、一定の対応が見てとれます。「にこにこ」と「にっこり」、「ふらふら」と「ふらり」では、それぞれ前者が反復の、後者は一回こっきりの感じがする。「ふわり」より「ふんわり」、「チリン」より「チリーン」、

おなかが
ベコベコです!
グ～
うん。
なんとなく
わかる。

「ボヨン」より「ボヨヨン」のほうがゆったり感がある、時間のかかる感じがする。発音の時間が長いことが意味に反映しているのです。それがどうしたと言われるかもしれませんが、言語という恣意的な記号体系の中で、このような対応があるのはむしろ例外です。だって「な・が・い」のほうが「み・じ・か・い」より短いじゃないですか。

と、まあオノマトペの学習は楽しみもあるのですが、なにしろ数が数ですし、ことばである以上は、恣意的なところ、つまり例外もわんさかあるわけで、たとえば「ものすごくハラハラした」からといって、「バラバラした」とは言えないし、いくらお星さまが明るくても、星が「ギラギラ」するのはよろしくない。

夏の立山に登って「星がとてもたくさんギラギラして」いて感動したという学生の作文を読んでいて、ふと赤ペンが止まる。宇宙に放り出されたような恐怖すら感じさせる満天の星。澄みきった高山の空で、星々はたしかに不気味なほどにギラついていたのかもしれない。それにこの学生は日本のマンガが大好きで、いつも新鮮な表現をたくさん拾ってくる天才だ。うかつには直せません。傍線を引いてつーっと欄外にひっぱって、書き込む。

キラキラ光る星はきれいですが、ギラギラ光る星はちょっとこわいです。でもこわいけど、ドキドキするくらいきれいでしょうね。——添削タイムが文通タイムに変身。

新しいニホンゴ
考えました!
オー。
今日も
野心家
だねー。

日本語は美しい。――あとがきにかえて

どうやら最後までお読みくださったご様子、ありがとうございました。何か一つでも、日本語について「ほう！」と思っていただけましたなら、うれしいです。

自分の商売道具だからかもしれませんが、日本語は美しい、と私は思います。音韻体系を母音と子音のマトリクスにきっちり納めてみせる五十音表といい、それに沿って華麗に舞う五段活用の動詞たちといい、全メンバーがコ・ソ・アを頭に戴いてこれまたぴしっと整列している指示詞の一群といい、世界の言語の中でも上位入賞間違いなしの、整った美しさではないでしょうか。

本書には書ききれませんでしたが、〈注〉修飾成分が必ず（長くても短くても、必ず）、被修飾語より前に立つという性質なども、特筆モノでしょう。「かわいい猫」では「かわいい」が「猫」に先行します。そして、「ニャンタを亡くして五か月めあれがペ

ットロスって言うのかな体にも心にも力が入らなくてぼーっと歩いてたら物陰からミャって声かけてきてあんまりひどい状態だったから獣医さんに連れてったらこのコちょうどニャンタちゃんが亡くなったころ生まれてますねって言われてもう堪らずその場でうちの子にすることにしちゃった猫」のような長ったらしい修飾も、やっぱり「猫」より前に来ます。

それにひきかえ英語なんて（ああすみません、また英語）、短いのは前だけど、長いのは関係節やらいうものを使って後ろに持ってこなくちゃいけない。とにかくいつでも前でいい！だなんて、日本語はなんときっぱりした性格でしょう。

ですから、日本語はいい加減だとか、あいまいだとか、難しいとか、（多くの場合さしたる根拠もなく）言われると、ふつふつと闘志がわいてまいります。そんなことないですよ、日本語はけっこう美人ですよ、気立てもいいですよ、頭もいいですよ。——そんな、日本語びいきが増えてくれたらいいな、と願っています。

さて、本のあとがきというと、かならず謝辞が連ねられているものですが、自分で書いてみてよくわかりました。もう四方八方にありがとうを言いたい気持ちでいっぱいになるのでございます。以下、おつきあいくださいませ。

まずは日本語について日々新鮮な切り口を提供し、思いがけない角度から光を投げかけてくれる留学生諸君、そして教師養成講座受講生のみなさん。原稿に目を通し、細かなご助言をくださった（かつまたしばしばおいしいお酒を飲ませてくださる）千葉大学の金田章宏先生。文法は嫌いですと公言しながら何思いけん本書を企画し、「日本語知らず代表」として最初の読者になってくださった世界文化社の土肥由美子さん。この本が多少とも読みやすく書けているとすれば、それは土肥さんのおかげです。さらにはヨシタケシンスケさん（わたくし、朝日新聞に連載されていた「文化おしぼり」の大ファンでした！）にイラストを描いていただくという一大快挙を涼しい顔してやってのけたのも、土肥さん。そしてそんなあれこれを見事に本の形にまとめあげてくださった、オフィスキントンの加藤愛子さん。みなさん、ほんとうに、ほんとうに、ありがとうございました。

そしてこの夏、夫は晩ご飯当番を週二回に増やしてゴーヤチャンプルーやゴーヤチャンプルーやゴーヤチャンプルーを作ってくれました。おかげで記録的猛暑にバテもせず、無事原稿を仕上げることができました。ありがとう。先代のニャンタ、入れ替わりにうちに来てくれたウリ、二匹の猫たちも、まあ、いろいろ、うん、ありがとう。

二〇一〇年十月、秋涼に細い目を細めつつ

清水由美

〈注〉この件については、文庫版18章で改めて取り上げました。

文庫版あとがき

文庫化のお話をいただいてうれしさに舞い上がり、その後、ヨシタケシンスケさんがあらたな作品を描いてくださると聞いて、さらに舞い上がったまま天に昇って待つことしばし。送られてきた表紙の絵を見て、悶絶いたしました。なんて愛らしい！生徒募集中のこのお方は、どうやら火星出身のようですね。そうか、ヨシタケシンスケさんの世界ではすでにそういうことになっているのか。

日本語学習者の数はじわじわと増え、今や地球のあちこちで「日本人じゃない日本語教師」が活躍しています。火星人の日本語教師が出てきても、うむ、不思議は、ない。「外国人が（火星人が！）日本語を教えるなんて！」と思う方もあるかもしれませんが、そんな方たち自身、たいてい中学や高校では「日本人の英語の先生」に英語を習ってきたのではないでしょうか。

本書をお読みになって多少ともお察しいただけたことと思いますが、日本人なら（＝日本語がペラペラなら）すぐに日本語教師になれるというほど話は甘くありません。国語の授業と違って、日本語教師が相手にするのは日本語をゼロから学ぶ人々です。そんな人たちに教えるには、日本語を「外から見る目」が必須だからです。その点、外国語としてその言語を学んだ経験のある人のほうが、ネイティブよりむしろ有利だとさえ言えるでしょう。発音はちょっとばかり火星なまりだったとしても、火星人の先生が相手なら火星人の生徒たちも母語で気がねなく質問できるでしょうし。日本人日本語教師としては、八本足の先生に負けないよう精進しなくちゃな、とあらためて気を引き締めたことでした。

さて、文庫化にあたって、17章から19章までをあらたに書き下ろしました。章末のコラムも、十四本すべて書き下ろしです。そのほかは、ほぼ旧版のままです。ほぼ。……じつは旧版の一部で、こっそり文言を入れ替えました。こっそり入れ替えたまま知らん顔をしていようかとも思ったのですが、どうにも気がとがめるので告白します。どこを替えたかといいますと、14章の冒頭です。留学生たちのことを指して「エキゾチックな南国美女や、ジャニーズ顔負けのイケメン君」と書いていたのです。

何これ！

久しぶりに読み直したとき、わが目を疑いました。これ、ほんとに私が書いたんだろうか。こんなの、もろにセクハラではないか。うう、いやだいやだ。

しかしまあ、いいほうに解釈すれば、この七年あまりの間に、私も少しは成長したということでしょう。単行本を出したときには感度の鈍かったアンテナが、少しは磨かれたということでしょう。磨いてくれたのは学生たちです。

たとえば、スリランカからの留学生が書いた作文に、目が大きい、足が長いといって日本人にホメられるのがいや、というくだりがありました。再々、背が高いねえと言われてウンザリする、と嘆いたロシアの留学生もいました。たとえホメるつもりだったとしても、努力や意志の力で変えられない身体的特徴をあげつらうのは、マナー違反なのですね。そんな当たり前のことに気づかせてくれた彼らに感謝しつつ、「孫のような年ごろのかわいい留学生」と書きかえたのでした（この「かわいい」は外見じゃありませんからね！「大切にしたいという気持ちを抱かせる」という意味ですからね！　あ、それが迷惑だって言われたらどうしよう……）。

表紙だけでなく、増補分にも、お茶目でフクザツな味わいのお作をご提供くださったヨシタケシンスケさん、ありがとうございました。あまたある日本語関連本の中からこの本をすくい上げ、ホコリを払い、もう一度世に出す機会を与えてくださった中央公論新社の角谷涼子さん、ありがとうございました。他社での文庫化を快諾し、最初の編集者としてさまざまにご尽力くださった世界文化社の土肥由美子さん、ありがとうございました。そして、つねに机上に居座り、パソコンをブロックし、飼い主の士気を高め続けてくれた灰色しましまのウリ猫よ、ありがとう。四年ほど前からわが家に乱入し、エンゲル係数を押し上げてくれている食欲の鬼、サビ猫のグリコ婆さまも、ありがとう。グリコのカリカリ代のためにも、どうか、この本がたくさん売れますように！

二〇一八年七月

清水由美

本書は、『日本人の日本語知らず。』（二〇一〇年十二月、世界文化社刊）を改題のうえ、加筆・修正を施し、文庫化したものです。

17～19章、および章末のコラムは、書き下ろしです。

JASRAC 出 1807970-005

中公文庫

日本語《にほんご》びいき

2018年8月25日　初版発行
2020年1月20日　5刷発行

文　清《し》水《みず》 由《ゆ》美《み》

絵　ヨシタケシンスケ

発行者　松田 陽三

発行所　中央公論新社
〒100-8152　東京都千代田区大手町1-7-1
電話　販売 03-5299-1730　編集 03-5299-1890
URL http://www.chuko.co.jp/

DTP　柳田麻里
印刷　三晃印刷
製本　小泉製本

Published by CHUOKORON-SHINSHA, INC.
Printed in Japan　ISBN978-4-12-206624-3 C1195

各書目の下段の数字はISBNコードです。978－4－12が省略してあります。

中公文庫既刊より

い-35-18
にほん語観察ノート
井上ひさし
ふだんの言葉の中に隠れている日本語のひみつとは？「言葉の貯金がなにより楽しみ」という筆者のとっておき。持ち出し厳禁、言葉の見本帳。
204351-0

き-35-1
日本語の思考法
木下是雄
情報化・国際化の時代に、日本語はどうあるべきか。『理科系の作文技術』の著者が、われわれの言葉を見直し、あるべき姿を指南する。実践的な日本語論。
205124-9

き-44-1
金田一先生のことば学入門
金田一秀穂
「先生」と「教師」はどう違う？　なぜ、ゴミはカタカナで書く？　とっても摩訶不思議でジコチューな日本語の言葉。金田一先生の痛快ことば学入門講座！
206286-3

と-12-8
ことばの教養
外山滋比古
日本人にとっても複雑になった日本語。時代や社会、人間関係によって変化する、話し・書き・聞き・読む言語生活を通してことばと暮しを考える好エッセイ。
205064-8

キ-3-11
日本語の美
ドナルド・キーン
愛してやまない〝第二の祖国〟日本。その特質を内と外から独自の視点で捉え、卓抜な日本語とユーモアで綴る味わい深い日本文化論。〈解説〉大岡信
203572-0

さ-48-1
プチ哲学
佐藤雅彦
ちょっとだけ深く考えてみる――それがプチ哲学。書き下ろし「プチ哲学的日々」を加えた決定版。考えることは楽しいと思える、題名も形も小さな一冊。
204344-2

さ-48-2
毎月新聞
佐藤雅彦
毎日新聞紙上で月に一度掲載された日本一小さな全国紙、その名も「毎月新聞」。その月々に感じたことを独特のまなざしと分析で記した、佐藤雅彦的世の中考察。
205196-6